影响力
THE INFLUENTIAL

郑洲 编著

THINKING
思维

中国纺织出版社有限公司

内 容 提 要

人人都有影响力，相貌、思维、气质、性格、语言、行为等，都是影响力产生的源头，也是决定影响力的重要因素。影响力是在无形中发挥作用的，所以具有独特的魅力。本书以产生影响力的各种因素为切入点，详细阐述了如何形成影响力、发挥影响力。

在社会生活中，影响力的作用不可忽视。具有影响力的人不但擅长社交，而且能够发挥影响力，影响他人。本书在阐述影响力的过程中，结合现实中的一些事例进行分析，帮助读者朋友认识影响力、形成影响力，从而打造自身的独特魅力。

图书在版编目（CIP）数据

影响力思维 / 郑洲编著. -- 北京：中国纺织出版社有限公司，2024.6
ISBN 978-7-5229-1588-3

Ⅰ.①影… Ⅱ.①郑… Ⅲ.①领导思维学—研究 Ⅳ.①C933.2

中国国家版本馆CIP数据核字（2024）第067494号

责任编辑：李 杨　　责任校对：高 涵　　责任印制：储志伟

中国纺织出版社有限公司出版发行
地址：北京市朝阳区百子湾东里A407号楼　邮政编码：100124
销售电话：010—67004422　传真：010—87155801
http://www.c-textilep.com
中国纺织出版社天猫旗舰店
官方微博 http://weibo.com/2119887771
天津千鹤文化传播有限公司印刷　各地新华书店经销
2024年6月第1版第1次印刷
开本：880×1230　1/32　印张：7
字数：116千字　定价：49.80元

凡购本书，如有缺页、倒页、脱页，由本社图书营销中心调换

前言

对于影响力，很多人都存在误解，认为只有领导者才需要具备影响力。事实告诉我们，每个人都要具备影响力。人是群居动物，每个人都生活在现实社会中，是社会的一员，那么只有具备影响力，才能影响他人，在说服他人时效率倍增。由此可见，影响力对于任何人都是至关重要的。一个人不管从事哪个行业，不管在哪个岗位上工作，都需要形成影响力。

简而言之，所谓影响力，就是一个人对周围的人和事产生的作用力。人们与生俱来的影响力是微乎其微的，大多数人是在后天成长和发展的过程中渐渐形成了更强大的影响力。一个人的容貌气质、语言表达方式、行为举止、地位和身份，都是与影响力有关的因素。本书从这些方面出发，致力于揭开影响力的奥秘，帮助大家形成个人影响力，既影响自己，也影响他人，还能影响社会。

市面上有很多关于影响力的书籍，不同人对于影响力的理解是不同的。有人说影响力是抽象概念，实际上，影响力与很多实实在在的因素都密切相关。有些影响力书籍建议读者改变自己的形象，这无可厚非，因为形象的确是决定影响

● 影响力思维

力的重要因素之一。然而,形象对影响力的决定作用是有限的,智慧会在更大程度上影响影响力。只有以智慧作为基础,再辅以目的和真实意图,影响力才会变得真实可感,拥有更加强大的力量。

古今中外,那些伟大的领袖全都具备超强的影响力。例如,英国前首相丘吉尔、圣雄甘地,等等,他们影响了人类的心灵,改变了国家和民族的命运。时至今日,他们的影响力依然很强大,依然有很多忠心耿耿的拥护者和坚定不移的追随者,这些人坚定不移地崇拜和敬畏他们。

一个人如果没有智慧,没有真实的意图和明确的目的,那么哪怕他西装革履,外表看起来令人眼前一亮,也无法获得真正的影响力。正是因为如此,每一个想要形成影响力的人首先都应该关注自身的意图,明确自身的意图。此外,还要采取有效的措施与他人沟通、互动,建立良好的人际关系,给他人留下良好的印象。这是影响他人的必要前提。

不管是在日常的生活中,还是在竞争激烈的职场上,每个人都需要影响力。真正具有影响力的人,能够在不动声色之间,以一句听上去平淡无奇的话打动他人的心,以一个看起来并无独特之处的举动赢得他人的信任。这就是影响力的魅力所在!

毋庸置疑,如果一个人本身就没有热情、缺乏激情,那

前言

么他很难相信自己，更不可能赢得他人的信任和追随。从这个意义上来说，要想形成影响力，首先要有一颗饱含热情的心，坚定自己的信念，朝着目标勇敢地前行。人们常说，雁过留声，人过留名，影响力就是我们在这个世界上、在他人的心中，留下的些许痕迹。这些痕迹或浅淡或深刻，或短暂或永恒，很有可能在经历时间的流逝后依然存在着，成为人类前行的指路明灯！

编著者

2024年1月

目录

第 01 章 认知影响力，拓展自身魅力 ▶▶001

什么是影响力思维 003
寻找清晰的意图 008
积极地表达 012
战胜和摆脱恐惧 017
避免无意识的衰退 021

第 02 章 发现影响力，形成吸引力 ▶▶025

我手写我心 027
勇于创新 031
制定短期目标 035
制定可实现的目标 041
展现自我价值 046
拨开迷雾见真相 049

每个人都需要完美顾问　　　　　　　　　　053

第 03 章 | 培养影响力，凝聚专注力

▶▶059

给他人留下良好的第一印象　　　　　　　061
保持专注　　　　　　　　　　　　　　　065
一呼一吸间，凝聚影响力　　　　　　　　070
忙碌时该怎么办　　　　　　　　　　　　075
保持一致　　　　　　　　　　　　　　　080
常常惊叹　　　　　　　　　　　　　　　084

第 04 章 | 释放影响力，表达需求力

▶▶089

呈现心灵的外衣　　　　　　　　　　　　091
我选择，我快乐　　　　　　　　　　　　097
自信，是力量的源泉　　　　　　　　　　102
从思想到行动　　　　　　　　　　　　　107
007 的魅力　　　　　　　　　　　　　　112
服装的颜色　　　　　　　　　　　　　　117

第 05 章 发挥影响力，打造拥护力 ▶▶ 121

- 保持界限   123
- 勇敢承诺   128
- 当即行动   134
- 用心倾听   140
- 停止抱怨   146
- 消除紧张   151

第 06 章 展现影响力，铸造团结力 ▶▶ 157

- 打造具有影响力的团队   159
- 他人的愿景不容忽视   165
- 语言具有强大的力量   170
- 学会模糊沟通   175
- 世界上没有那么多"应该"   179
- 坚定信念，突破极限   183

第 07 章 | 升级影响力，增强行动力　▶▶ 189

你，是独一无二的　　　　　　　　　　191
专心致志的你最可爱　　　　　　　　　196
既是中庸之道，也是平衡之道　　　　　200
管理好自己的时间　　　　　　　　　　204
充分利用碎片化时间　　　　　　　　　209

参考文献　　　　　　　　　　　　　213

第01章

认知影响力，拓展自身魅力

从本质上来说，影响力是一种能力。具有影响力的人不需要强求他人接受自己的某些观念或者做法，而只需要发挥影响力，就能产生一种无形的力量，使他人在不知不觉间心甘情愿地接受某些观念或者做法，主动地改变自身的思想和行为。影响力是非权力性的，更多地表现为个人魅力。接下来，就让我们一起深入地认知影响力，提升自身魅力吧！

什么是影响力思维

喜欢阅读的人会发现，不管是名人还是成功者，抑或是小说中塑造出来的伟大人物，他们都有一种独特的能力，即极具威信，往往他们振臂一呼，应者云集。对于这样如同神一般存在的人，我们往往会怀着崇敬的心情仰望他们。其实，他们并非天赋异禀，也并非天生的领导者，只是因为具备影响力而已。一个具有影响力的人，能够轻易地说服他人，让他人信服，也能够把自己的思想和观点传递给他人，使他人坚决拥护自己的决定。那么，影响力难道是与生俱来的吗？当然不是。一个人要想形成影响力，就要培养自身的影响力思维。

仅从表面来看，一个人如果没有激情、缺乏动力，就很难说服他人忠心耿耿地追随自己。偏偏激情和热情都很容易被消耗殆尽，这就使得大多数人时不时地就会感到兴致索然，感到自己的未来没有希望，也打不起精神应对当下的生活。面对艰难的生活，我们应该扪心自问：我是谁？我想做什么？我的人生支点在哪里？我坚持的意义是什么？这些都是人生的基础问题，唯有想明白这些问题，我们才能更加深入地洞察自己的内心，找到很多问题的答案；也只有想透彻这些问题，我们才能真正地读懂自己，知道如何与自己相处。

任何人的领导力之旅都应该以这样的自我反思精神为起点，然后学习关于影响力的知识，坚持以练习的方式发展自身的影响力。最终，我们才能明确自己存在的价值和意义，重新找回对于生命的激情和热情，充满动力地面对人生，应对人生中的各种情况。影响力不但有益于我们投入生活，也有益于我们开展工作，最终，有了影响力的加持，相信我们一定可以更从容地拥抱生命，游刃有余地处理好生命历程中的事情。

在很多组织机构中，作为高级管理者的经理或者董事，都会提携自己的追随者。然而，在这些管理者之中，只有极少数人真正具备高管风度。那么，什么是高管风度呢？第一次听到这个词语的读者，一定会感到很迷惑。其实，所谓高管风度，本质上而言是管理者的一种良好状态。对管理者来说，只有具备高管风度，才能发挥自身的影响力，不但能让那些追随者们对自己忠心耿耿，而且会赢得更多人的尊重和信赖。

从某种意义上来说，高管风度是高层管理者应该具备的独特影响力。我们从影响力着手，深入地分析和研究，最终会发现有五个因素决定了影响力的大小。

第一个因素，视觉。很多社会互动活动都要以视觉作为基础，如果没有视觉存在，那么社会互动活动就会面临巨大的障碍，很难顺利地开展下去。举个最简单的例子，很多职场人士都特别关注自己的形象，尤其是会精心地搭配自己的穿搭，不但看重衣服的款式，还很看重衣服的颜色和质地。尽管大多数衣服看起来都相差无几，但是精心搭配却能让原本平常的衣服产生独特的视觉效果，因而形成一个人独特的穿衣风格，给他人留下独特的印象。

第二个因素，语言。语言是人际沟通的桥梁，人与人之间主要通过语言表达的方式传递信息，进行沟通。语言虽然没有形状，却在某些情况下如同利刃；语言虽然没有载体，却在某些情况下重如千斤。作为管理者，要想让员工追随自己，死心塌地地为自己卖命，那么就要赋予员工一些权力，不要总是强制要求和命令员工。员工只有在感受到自身价值的情况下，才会萌生出责任感和使命感，从而超越满足自身低层次生理需要的需求水平，提升自己的价值观念，让自己为了更加远大的目标和更有意义的愿景而不懈努力。

第三个因素，风度。风度是以视觉为基础的，那些有风度的人即使穿着简单，也有自己的风格与特色，所以总是能够吸引其他人的目光，也能够得到其他人的追随。然而，风度可

○ 影响力思维

不是与生俱来的，而是在后天成长的过程中，综合了自身接受的家庭教育、学校教育、人生经验等因素形成的。很多成功人士都具备的吸引他人追随的核心因素，其实就是风度。一个人只要花钱就能为自己买来时尚的衣服和昂贵的饰品，却很难让自己由内而外地散发出与众不同的风度。可见，风度的形成不但要关注外在，更要关注内在。

第四个因素，联系。领导力是要以与他人之间的联系作为核心的。人是群居动物，具有社会属性，这就注定了一个人不可能完全脱离他人生存，而必然要与周围形形色色的人打交道。要想具备影响力，我们就要与他人之间建立联系，既要学会以各种不同的方式与他人沟通，也要学会选择他人感兴趣的话题，激发他人的谈兴。所谓相见恨晚、相谈甚欢，本质上都是沟通非常顺畅、彼此紧密联系的表现。

第五个因素，影响力的痕迹。俗话说，雁过留声，人过留名。人，哪怕已经离开了某个地方，甚至彻底离开了这个世界，他们也依然会凭着自己曾经的所言所行产生的力量，继续影响着他人。这意味着人的肉体也许会缺席，甚至是灭失，但是人的精神却可以长存。从这个意义上来说，影响力是有痕迹的，这种痕迹的深浅取决于一个人的行为举止和思想观点。那么对个人而言，要想万古长青，就要留下让后人传颂的丰功伟绩，或者给自己留下好名声。需要注意的是，影响力未必都是正面的，也有可能是负面的，例如秦桧遗臭万年，就是很好的例证。

在现实的生活和工作中，每个人都具有或强或弱的影响力。例如，很多婴儿在去医院挨过扎针之痛之后，一旦看到穿白衣服的工作者就会感到害怕；学生即使离开了学校，走入了社会，再次见到老师也会毕恭毕敬；哪怕父母已经去世了，孩子想起父母的音容笑貌，父母的叮咛和教诲也犹在耳畔，让他们片刻不敢相忘。这就是影响力的独特魅力。有的时候，我们是被他人影响；有的时候，我们要影响他人。要想成为影响力的施加者，我们就要有意识地完善自己、提升自己，这样才能在一定的高度上对他人施以影响。

○ 影响力思维

寻找清晰的意图

要想顺利地推进一些事情，就要有清晰的意图，这样才会有明确的方向。当然，这并非意味着我们能够把想做的事情都做好，做得让自己满意，而是说唯有目标和方向才能指引我们砥砺前行。举个简单的例子，一个人漫无目的地四处闲逛，乘坐出租车却不知道自己要去哪里，那么出租车司机就会很为难，不知道自己该往何处去。如果能够说出一个目的地，那么出租车司机即使不知道目的地在哪里，也可以借助导航等工具驶达目的地。由此可见，清晰的意图是很重要的。哪怕目标过于远大，未必能够实现，清晰的意图也可以激励和鞭策人们不懈努力，距离目标越来越近。

在人类的发展史上，一切伟大的事件都起源于意图。从本质上而言，意图就是一种正在萌芽的想法，也许还不够清晰，却会不断生长，渐渐成形。不管是个人的成就，还是人类历史上的大事记，或者是社会的发展，等等，都离不开清晰的意图作为指引。如果采取打比方的说法，那么我们可以把意图比喻成种子，充满想象力，也充满创造力。意图起源于愿望，这种愿望是非常热切的，怀有愿望的人也是充满热情的。其实，每个人都有愿望。哪怕只是在短暂的一天中，人们的心中也会萌生出若干个愿望。这些愿望或关乎细节，或关乎重要的事情。然而，意图与愿望是有着本质区别的。大多数人都把自己一天之中萌生出来的各种愿望抛之脑后了，但是意图却是专注的，不会在短时间内无缘无故地烟消云散。意图会使人产生巨大的力量，让人及时地进行全面、周到、深刻的思考，从而做出选择。既然意图如此重要，所具有的推动力量也比愿望更加强大，那么我们就要寻找意图，形成意图。

自古以来，很多人都曾经绞尽脑汁地思考过自己的意图或者他人的意图是什么。渐渐地，有些人彻底放弃了思考这个问题，因为他们不知道自身为何存在，也不明白生命的意义和价值到底在哪里。正是因为如此，先哲才说每个人最大的敌人就是自己，每个人面对自己混乱的思想，面对自己不甚明晰的意图，总是感到迷惘和困惑，也常常会觉得无助。实际上，了解意图的第一步，就是要明确意图并非永恒存在。换言之，随着生命历程的不断推进，随着生命主体的不断变更，意图也处于随时变化的状态之中，因而意图具有无常性的特点。在生命的某个阶段，或者是某个特殊的情境中，我们会产生某种意图。但是，无须把这种意图看得太重，尤其是在因为这种意图而感到困扰时，不妨给自己一些时间去学会面对。我们可以抓住这种意图，积极地采取相关的行动；也可以渐渐地淡忘这种意图，从而迎接更强大意图的到来。有一点是确凿无疑的，即生命中总会出现更强大的意图。除了随时都会出现新的意图，意图还处于不断演变的过程中，呈现出千变万化、变幻莫测的特点。那么，我们也要跟随意图的变化，及时地调整心态。

意图和我们生命中的很多事情都是密切相关的，或关系到生活的细节，或关系到工作的方方面面，或与人际交往有某种联系。任何人都要坚定自己的意图，忠诚于自己，发现自己的内心，了解自己，从而才能遇见更好的自己。不管外部的环境如何改变，不管内部的意图怎样变化，一个人只要笃定地做好自己，很多难题就会迎刃而解。当寻找到清晰的意图，我们就会渐渐地形成影响力，并且把影响力与意图紧密联系起来，使它们相辅相成、互相促进。

简言之，寻找意图要做到三件事情。首先，接受自己的意图；其次，发现、确认和增强自身的才能；最后，找到属于自己的领域，发挥自身的能力。在寻找意图的道路上，还要注意甄别自身的真实意图与受到他人影响产生的意图。人是群居动物，很容易受到身边人的影响，产生各种新的想法，或者改变自己已有的想法。我们一定要有火眼金睛，识别自己的真假意图，也要有笃定的内心，对于自己认准的事情和打定的主意，不要轻易改变。唯有坚持，我们才能一步一步地实现意图，走向成功。

对于自身的意图，也要进行深入思考和剖析。反观自身的想法，洞察内心的真实，衡量和判断这些意图实现的可能性有多大。这样才能清晰地觉察自己内心的感受，透过现象看本质，透过各种努力来实现意图。在坚持这么做的过程中，我们所表现出来的很多力量，以及自身的各种品质，就会在潜移默化中影响自己，也影响他人。古今中外，很多伟大的人之所以能够发挥影响力，恰恰是因为他们是在后天成长和对自我了解与认知的过程中，变得越来越强大。例如，英国前首相丘吉尔是非常优秀的政治家，也是充满智慧的。如果想要被丘吉尔的积极影响力所影响，那么你可以把丘吉尔的优点写在纸上，从而有意识地培养自信。

这就是你的意图之一。当然，要想变得更加优秀，我们还可以学习更多人的更多优点，还可以在成长的过程中坚持努力，从自身的经历中总结经验和教训，提升自己的思想境界，培养自己的优秀品质。

积极地表达

要想具备影响力,就要学会积极地表达。很多人习惯于消极地思考,在不知不觉中也养成了容易沮丧的坏习惯,面对任何事情都会先想到最糟糕的结果,因而特别失望,不愿意坚持尝试和努力。长此以往,他们就会受到自身负面情绪的影响,变得越来越丧气。要想改变这样的现状,就要有意识地养成积极表达的好习惯。在坚持积极表达的过程中,就会渐渐地驱散内心的阴霾,转变自己的消极想法,使得整个人都焕发出自信努力的光彩。

语言是一门艺术,同样一句话,换作不同的方式表达出来,就会起到不同的效果。有些人习惯于否定和拒绝,不管面对多么难得的好机会,他们第一反应都是拒绝。其实,这样条件反射般的做法是大错特错的。要彻底改掉这个坏习惯,养成使用积极方式进行表达的好习惯。"我是……"是一种很神奇的表达方式。当一个人充满自信地告诉他人自己是谁、自己为何做出某种选择、自己为何要坚持这么去做的时候,他的内心一定是笃定且充满力量的。

每个人都是社会的一员,要想更好地融入社会,就要把自己推销出去,让所有人都知道自己是谁,也了解自己诸多方面的情况。例如,作为求职者要把自己推销给面试官,才能得到工作机会;作为下属要把自己推销给上级,才能在更大的平台展现自己的能力;作为上司也要把自己推销给下属,才能赢得下属的信任和拥戴。人人都需要推销自己,这一点是毋庸置疑的,所以"我是……"是很好的自我推销开场白,从这句话起,我们就能以特别的形象给他人留下印象。

为了说好这句话,我们应该坚持进行练习。当我们勇敢地说出"我是……"我们就会更加积极地面对自身的处境,面对自己曾经的经历和遭遇。遗憾的是,现实之中,只有少数人能够坦然从容并非常勇敢地说出"我是……"此外,这句话也会使我们更加关注自身,而不是被动地接受他人的评判,这样我们就实现了从被动到主动的转化,也就能够正视自身、面对自身。

每个人都应该拥有这样的信心,以"我是……"的表达方式宣告自己的存在。当每个人都坚持以这样的方式介绍自己,强力把自己推销给他人时,他就会发挥出影响力。人们正是以"我是……"和后面的具体内容,支撑着自己的想法和观

○ 影响力思维

念的，在此过程中，这样积极的表达方式将会发挥出强大的作用。与此相反的是，如果一个人对自己产生了怀疑，那么就会感到特别心虚，也会导致对自己产生更多的怀疑。为了避免这种情况出现，要坚持使用积极的表达方式，也要全面中肯地认知和评价自己。

"我是……"那么我到底是怎样的呢？很多人对此感到疑惑。其实，我们完全可以充满自信地告诉自己：我是快乐的，我是满足的，我是优秀的，我是坦诚的，我是热情的，我是全力以赴的……随着积极地进行自我肯定，我们就会打消那些消极的想法，也就会更加从容地面对自己，发挥自己的优势和长处，弥补自己的劣势和短处。与此同时，更多积极的想法会涌入我们的脑海中，让我们对自己充满信心，使我们的心灵充满力量。

有一段时间，小雅感到很郁闷，总是自我怀疑。原来，最近她在工作上遇到了困难，遭遇了瓶颈。不仅如此，她还没有处理好人际关系，导致自己与上司之间关系紧张。为此，小雅感到特别压抑，特别自卑。看到小雅整日蔫头耷脑的模样，好朋友安琪想要开导小雅。她特意抽出时间陪伴小雅，还对小雅说："小雅，你很优秀，比你想象得更优秀。现在的困难只是暂时的，你要积极地面对。"小雅哭丧着脸说："但是，我不管怎么努力，都无法做到像之前那么开心，那么对自己充满信心。"安琪建议小雅："其实我有个特别简单的办法，而且效果立竿见影，你想不想试一试？"小雅毫不迟疑地点点头，她当然想要恢复活力，恢复信心。安琪让小雅坚持以积极的方式表达，每天都要对着镜子里的自己说"我是优秀的，我是最棒的，我是可以成功的"。听到安琪的方法如此形式主义，小雅不以为然，却觉得试一试也没有损失。

出乎小雅的预料，在坚持对自己说自己是最优秀的、最棒的、可以成功的时，小雅的心态渐渐地有了转变。曾经，她认为自己不管做什么事情都做不好，也不如他人。现在，她认为自己只要愿意用心去做，只要坚持拼尽全力，就可以如愿以偿地获得想要的结果。在这种心态的激励下，小雅更加努力地成长，遇到任何困难都勇敢地面对，最后成了职场上能够独当一面的女强人。

相信，是具有强大力量的，正是因为如此，一个自信的人才是无法被战胜的。对所有人而言，相信自己都是首要的，因为只有做到相信自己，我们才能迸发出内心的力量，激发出内心的勇气，调动内心的热情，才能迎着风和朝阳全力向前奔跑。

不要怀疑自己说出的每一句"我是……",事实最终会证明,一切"我是……"都将变成现实。在把"我是……"付诸实践的过程中,我们也会更加深入地认知和了解自己,全力以赴地验证自己的价值和意义。可想而知,只有坚定不移相信自己的人,才会形成愈发强大的影响力。

战胜和摆脱恐惧

恐惧，是人的本能，人人都会恐惧。当陷入极度的恐惧中，人就会产生应激反应。面对很多想要做的事情，恐惧还会起到阻止作用，使我们在设想有可能遇到的困难之后选择放弃，即使提心吊胆地做了，也不能如愿以偿地获得成就感，更无法感到快乐。很多常常感到恐惧的人不能当机立断地采取行动，也不能打定主意做自己想做或者应该去做的事情。他们优柔寡断，迟疑不定，总是在恐惧的作用力之下变得畏缩怯懦。

那么，恐惧因何而生呢？我们怎样才能消除恐惧的负面影响，或者是在必要的情况下减轻恐惧的负面作用呢？这就要求我们学会应对恐惧，也要学会消除恐惧带来的不利影响。在恐惧中，人们还会陷入莫名焦虑的状态，使得很多因素变得不确定，随时处于变化之中。然而，很多人虽然正在被恐惧包围着，却没有意识到恐惧给自己带来的负面影响。那么，我们首先要感知到恐惧的存在，其次才能认识恐惧，最后是减弱恐惧带来的影响。

恐惧有两种，一种恐惧是现在已经发生的威胁，这是真正的恐惧；另一种恐惧是虚幻的，并没有明确的意义，结果也是非特定的，却具有压倒性的作用，有可能会使人无法控制自己的思想，情不自禁地感到担忧或者疑虑。这样的恐惧看不见摸不着，也没有特定的结果，当事人常常因此而感到特别害怕，变得极其谨慎和小心，还会陷入迟疑不定的怪圈之中。这种恐惧才是令人饱受煎熬的。一般情况下，这种恐惧具有极强的黏着性，一旦陷入这样的恐惧之中，当事人往往会在很长一段时间内都无法摆脱恐惧的阴影。

这种恐惧最明显的特点，就是与"现在"之间的关联极其微弱，甚至没有关联。也可以说，这种恐惧并非存在于当下。既然如此，我们完全可以调动自己的聪明才智，想方设法地消除恐惧。

真正内心强大的人能够克服这样的恐惧感，在很多情况下，他们会在最短的时间内使这样的恐惧感消失。在消除恐惧之后，曾经的迟疑不定、犹豫不决都将不复存在，我们就会感受到前所未有的自信，也会感到非常兴奋。由此可见，消除恐惧感对于所有人都很重要。但是，恐惧是人的一种本能，并非只起到负面的作用。既然是本能，又如何消除呢？尤其是那种与当下并没有显著关系，而是产生于内心的不确定恐惧，更是难以消除。

只有了解了这种恐惧的显著特点，火眼金睛地辨别出这种恐惧，我们才能拥有更加强大的力量驱散它。例如，它是臆想出来的，或者是过度杞人忧天导致的，与当下并没有紧密的关联；它产生于模糊的、消极的"假设"，并没有确凿存在的依据。然而，这种无形的恐惧具有顽强的生命力，它会从我们的内心汲取能量，它会不断地成长和膨胀。在这些力量的交错下，我们会产生一种错觉，即认为这种虚无的恐惧是真实存在的，反之，这种错觉又会加剧我们恐惧的感觉。由此可见，这是一个恶性循环的过程。为了打破这个魔咒，我们要先意识到恐惧，再勇敢地直接面对恐惧，最后战胜恐惧，勇敢地采取行动。只要打破了恐惧的魔咒，我们就会发现，很多事情并没有我们想象中那么可怕。

为了勇敢地直面恐惧，真正消除恐惧，我们可以把自己所担忧和害怕的事情一一列举出来，写在一张纸上。这些恐惧也许来自我们成长的经历，也许来自原生家庭，也许是与生俱来的胆小，也许是来自未来的不可控。尤其是在现代社会，人际关系非常复杂，职场竞争的压力越来越大。在这种情况下，恐惧如同潮水般向我们袭来，令我们感到无从应对，胆战心惊。

面对虚幻和现实相互交织的现状，我们要区分清楚哪些是真正的事实，哪些只是幻想和想象；哪些是明确的观点，哪些只是短暂的假象。此外，我们还要反思自己与恐惧之间的关系，是被恐惧主宰，还是能够控制内心的恐惧，以更加积极的方式面对恐惧，这样才能有效地减少恐惧，或者战胜恐惧。

对于恐惧，每个人都有自己的应对方式。一味地欺骗自己，如同鸵鸟一样把头埋藏在沙子里，是无法真正解决问题的。即使采取转移注意力的方式，也只能短暂地逃避。无疑，并非每个人都有直面恐惧的勇气，但是对正在饱受恐惧折磨的人来说，勇敢面对很重要。在此过程中，我们还要意识到一点，即恐惧并非一无是处，并非只会起到负面作用。换一个角度来看，恐惧可以帮助孩子更好地保护自己，例如孩子出于恐惧而远离危险。对很多成人而言，恐惧也并非是绝对糟糕的。俗话说，初生牛犊不怕虎，这不是说初生牛犊多么勇敢，而是因为它们不曾意识到危险的存在。显而易见，无知者无畏与真正的勇敢是截然不同的。知道危险，也衡量了自身的能力，再选择以合适的方式应对，这才是真正的勇敢。面对恐惧，我们正需要这样的理智和冷静，方能从容不迫，游刃有余。

避免无意识的衰退

古代先哲关于人性提出了两种截然不同的观点。荀子提出了性恶论,是一种重要的人性学说。与性恶论相对的是性善论,性善论是孟子提出的。不仅在中国,在西方国家,关于人性的探讨也由来已久。莎士比亚在《哈姆雷特》中说过,"在人世间,所有的善恶都是个人态度决定的"。的确,一念天堂,一念地狱,是在天堂还是在地狱,其实是由我们的内心决定的。

很多人都会受到无意识的驱使,习惯成自然地解释好与坏,仿佛这世界上的一切都可以以真理去进行衡量和界定。其实,很多人所信奉的真理都是由自身的想法和观点决定的,并非是绝对客观的真理。每个人都拥有思考的能力,只要愿意思考,有意识地对大脑活动进行观察,就能通过这种方式改变自己的日常表现,完善自己的生命之旅。

在面对一件事情时,先不要急于界定这件事情是正确的还是错误的。与其急于当裁判官,不如通过观察如实记录所谓的好与坏。把每一天所有的经历都以清单的方式列出来，并且及时复盘，你会发现这些事情除了好与坏这两个极端，还有灰色地带，即中立的一面，这才是真实的。在坚持这么做的过程中，大脑会在潜移默化中相信，我们是有能力进行思考和做出选择的。

最近，张丽发现自己在工作上经常会犯各种各样的错误，即使在处理简单的家庭事务时，也会错误百出。对于自己的表现，张丽很纳闷："我才四十岁，不至于老年痴呆吧，这究竟是怎么回事呢？"为此，张丽特意来医院就诊。医生经过一番询问，了解了张丽在工作和生活中的表现，最终得出初步结论：无意识衰退。对于这个崭新的名词，张丽是全然陌生的。她一头雾水地看着医生，医生提醒张丽："随着年岁渐长，人的体力、脑力都会处于下坡状态，无意识衰退，其实就是脑力下降的一种表现。"张丽紧张地问："那么，继续这样下去，我会得老年痴呆吗？"医生笑着说："基本上没有这种可能，不过还是会出现无法集中注意力、记忆力下降等各种表现。但是没关系，无意识的衰退并非是不可逆的，可以通过有意识地调动大脑进行思考的方式缓解和恢复。"

经过医生的详细解释和指导，张丽开启了训练大脑的计划。每天晚上，她都会思考一天的日常，以此进行反思。每天早晨，她还会初步制订一天的日程安排和工作计划。每当有闲暇时，她还会坚持阅读，锻炼自己的理解能力和记忆能力。随着坚持努力，张丽的脑力越来越强，记忆力衰退的情况渐渐地得到了改善。

人的生命就像是一条抛物线，从呱呱坠地的低点不断成长，慢慢攀升到人生的巅峰状态，然后开始呈现出缓慢下降的趋势。没有任何人能够彻底逆转这样的趋势，但是如果有意识地加以改正，就可以缓解下降的趋势，或者是让自己在某些方面有更好的表现。

无意识衰退的发生往往是令人无知无觉的，那么我们在日常生活和工作中就要主动地关注自身的状态，积极地调动自己的热情和活力，这样才能保持向上的态势。大脑是人体的重要组成部分，虽然属于人体的一部分，会伴随人体状态呈现出衰退的趋势，但是大脑是人体中最年轻的器官，也是最容易保持年轻态的。我们要有意识地锻炼大脑、挑战大脑，才能让大脑的状态越来越好。

科学家经过研究证实，每个人都是极具潜能的，即使是那些伟大的科学家，也只是发挥了自身很小一部分的潜能。如果能够激发自身的所有潜能，那么人类的小宇宙就会真正爆发，并释放出惊人的力量。由此可见，避免无意识衰退是很重要的，每个人都要对这个方面有所了解和认知，才能未雨绸缪，做到防患于未然。

第02章

发现影响力，
形成吸引力

无论是在生活中还是在工作中，影响力都无时无处不在。然而，很多人根本没有意识到影响力的存在，所以不会有意识地培养自身的影响力。所以，要想具备影响力，就要先发现影响力的存在，这样才能积极地培养影响力，最终形成独特的吸引力。

我手写我心

作为一项非常简单的个人发展技巧,写作为大多数人所熟知,却只为很少人所使用。其实,写作不但能够记录生活中发生的点点滴滴,也能够对大脑中负责观察和解决问题的相关区域进行刺激,从而使人的反应能力得到提升。坚持写作的人,将会有意识地思考驱动生活的各项因素,也会思考个人的某种意图。例如,在写作的过程中,大多数人都会思考自己的用意何在、自己的目标和方向是什么。在这样不断思考的过程中,我们就会更加明确自身的意图,对于大脑中一闪而过的某些想法或者创意,也会有更加深刻的领悟。很多人都有这样的感受,即头脑中常常会灵光乍现出很多新鲜的想法,却会在很短暂的时间之后就又被遗忘或者是忽略。这使得很多想法成了空想,成了过眼烟云。

其实,如果能够养成记录所有想法或者创意的好习惯,或者能够在倾听他人的过程中记录那些让自己怦然心动的观点,那么等到回过头来看这些记录时,说不定就会迸发出灵感或者是思想的火花。

在工作领域中,很多高明的管理者都会有一个随身记录的小本子,记录工作过程中出现的各种问题,或者记录自己随时都会产生的金点子。在用笔进行记录的过程中,大脑与身体的关联会更加紧密,这是因为写作需要调动更多的身体器官参与记录。相比之下,听只需要用到耳朵和大脑,而写则需要用到耳朵、手和大脑。在此过程中,我们的感觉会变得更加敏锐,在多重感官的作用下,我们将会更加深入地思考自己所记录的内容。

有一段时间,文学领域流行起意识流的写作风格。所谓意识流,顾名思义就是描绘自己的心灵和情感。意识流的记录方式,既可以记录很早之前就已经存在于我们大脑之中的各种想法和观点,也可以记录我们大脑中突然迸发的想法和观点。在这种情况下,大脑会减缓工作的速度,从而更加专注于全面思考某个问题,直达我们内心深处的直觉和本能。这就像是把自己的心门打开,欢迎自己进入,毫无保留地袒露自我。

现代职场中,大多数人都是特别忙碌的,每天都忙着处理堆积如山的文件,参加各种各样的会议,还要回复各种邮件。然而,要想推动事情的改变,就必须在深思熟虑之后采取行动。如果我们只是凭着冲动就做出了某种决定,甚至仓促地

第02章 发现影响力，形成吸引力

做出一些举动进行应对，那么我们就无法引领变革。既然如此，我们就要尝试着进行写作练习。每次写作的时间不需要太久，15分钟即可。练习的次数越多越好，所谓熟能生巧，只有坚持练习，才能起到良好的效果。在进行写作练习的过程中，我们无须像写一篇命题作文那样去围绕主题进行构思，甚至还要虚构一些情节，而只需要凭着直觉进行记录，记录我们内心深处最真实的想法和情感。忠于内心，是写作练习的关键所在。

注意，写作练习是要有目标的，这个目标必须具体且能够实现。在有余力的情况下，还要进行延展性练习，例如规定自己必须记录每次会议的内容、每次冥想的内容、每次和下属谈论工作的内容等。这些具体的内容记录能让我们更加专注于思考。

虽然如今大多数人都习惯于使用电脑进行写作，但是我们依然建议要"我手写我心"。这是因为和键盘输入的效果相比，手写输入的效果是完全不同的。为了能够真实地记录自己的内心，最先记录的内容应该是自己想要记录的内容，继而要保持快速记录的习惯，以免自己有太多的时间去润色和构思。只有不假思索脱口而出的话才是我们的真心话，记录也是如此。

为了激发自己的思考，不要使用限制性的问题对自己进行提问，而是要以开放式的提问帮助自己打开思路。在写完之后，不要急于马上看自己所写的内容。如果愿意，可以等到一段时间之后再看自己的记录。当然，如果觉得没有必要复盘，也可以选择彻底搁置。这是因为在写作的过程中，每个人都已经进行了深入思考，得到了自己想要的答案。写作就是如此神奇，朋友们，现在就拿起笔，尽情地书写自己的内心吧！

勇于创新

科学家提出宇宙中有黑洞，能够吸纳任何能量。物理学领域有一条定律，即自然界憎恶真空。其实，现实生活中真空恐惧的现象也很常见。如果每个人的小小世界都非常拥挤，那么新事物就无处容身，也就不可能进入。在这种情况下，我们尽管有很多积极的想法，也无法容纳新事物的进入。因此，要想积极地改变，就要创造真空，因为真空才是新事物的容身之地。

不管是在生活中还是在职场上，每个人都需要创造真空，这样才能促使新事物的产生。无论是普通的员工还是管理者，都要积极地创造空间让自己从容地思考，要未雨绸缪，制订各种相关的计划，这样才能让目标变得更加清晰。如果头脑中没有任何空间可言，新思想又该如何产生呢？每一个驰骋职场的人都会发现，自己曾经苦心经营和用心维护的关系已经变得可有可无，失去了价值和意义。当自己对未来满怀憧憬的时候，并没有如同以往一样想起这些关系，这意味着这些关系不再对自己的工作产生影响。也有些人对于自己生命中曾经出现的很多人，或者曾经发生过的一些事情，怀着消极的态度，不愿意再想起，更不愿意去面对。这些都给我们发出了一个信号，即应该趁此机会把这些人和事从自己的生命中清除出去，唯有如此，才能让自己的生命中出现新的真空，出现新的人和事。这些新出现的人和事，将会更加符合我们的心意，与我们拥有相同的目标和一致的方向。

举个简单形象的例子，我们就会对创造真空的重要性产生深刻的认知。很多女孩的衣柜里衣服塞得满满的，看起来没有任何空余的地方悬挂新衣服，这使得女孩在产生购买新衣服的想法时马上会劝说自己："衣柜都放不下了，真的不能再买了。"当然，钱包瘪了也是放弃购买新衣服的原因之一，这一点不在此处讨论范围内。根据创造真空的原理，对于那些已经不再穿着的衣服，或者在80%的时间里不穿的衣服，她完全可以进行彻底清理。

当下定决心清除衣柜里利用率很低的衣服之后，女孩会惊喜地发现自己有了一个新衣柜，空间很大，构造合理。最重要的是，因为清除了那些很久没有穿过的衣服，有些人因此获益，得到了这些衣服，充实了自己的衣柜。其实，所有职场人士的邮件箱也像衣柜一样。大多数人的邮件箱里挤满了各种各样的邮件，其中有些邮件是垃圾邮件，毫无价值，有些邮件是作为备份用的。尽管很多邮件并没有真正发挥备份的作用，却占用了邮件箱的绝大部分内存。在这种情况下，不如只留下最有可能用到的备份，将其他邮件进行彻底清理。那些释放出来的空间会让我们感到非常轻松，充满活力，甚至会为此感到喜悦。

大学毕业后，小勇没有和其他同学一样找工作，成为无数职场人中的一员，而是利用自己在大学期间兼职赚取的钱，同时向父母要了一些赞助，开始了创业之路。小勇在大学门口开了一家小餐馆。也许是因为自己不懂得厨艺，只能靠着外聘的厨师保持经营，小勇非常被动。有一次，厨师毫无征兆地辞职了，小勇只得关门歇业一段时间，直到找到新厨师才恢复经营。如此磕磕绊绊地维持着经营，一年到头，小勇发现自己赚取的纯利润还不如打工的工资高呢。他犹豫了，想关掉餐馆，又有些舍不得。在迟疑不定中，时间又过了半年。有一天，看到曾经的同学在工作单位里小有成就，小勇这才痛下决心，彻底将小店关张大吉。在做了这个决定之后，小勇感受到了前所未有的轻松。

经过几天的调整，小勇满怀信心地开始了找工作之旅，

○ 影响力思维

他相信凭着自己大学期间兼职以及自主创业的经验，一定能够找到一份不错的工作。

创造真空能让更多的可能性应运而生。创造真空并不只是清除，也意味着要舍弃。有些人在开始做一些事情之后，就会陷入进退两难的怪圈。如果选择坚持，就会继续承受损失；如果选择放弃，则会为已产生的损失而哀叹不已。在这样犹豫不决的状态下，他们的心力和精力都严重损耗，身心都备受煎熬。与其如此，不如痛定思痛，在审慎地权衡利弊之后，果决地做个了断。虽然失去了老旧的项目，却拥有了新的可能和希望。尤其是在基于自己的意图做出相应的选择之后，我们就会获得自己想要的影响力。

"制造真空"就是创造可能性，在一年的时间中，我们可以多次使用这样的策略，清理自己的生活空间、办公空间，也可以整理我们正在做的很多事情。当感到周围的环境和内心的状态都太满了时，我们就应该积极地制造真空，让自己拥有无限可能。

制定短期目标

无论是面对生活还是面对工作，尤其是在竞争日益激烈的职场上，每个人都热切地渴望获得成功。可以说，成功是一切人类活动的终极目标，只是每个人的具体目标是不同的，对于成功的定义也就是不同的。从这个意义上来说，只有那些目标清晰的人才能规避人生的风险，因为他们总会因为实现了某些目标而感到自己距离成功越来越近。反之，如果对于人生没有清晰的目标，那么我们就会很容易陷入迷惘的状态，觉得没有什么东西能让自己真正获得成就感，也没有什么事情会让自己真正感到距离成功越来越近。与成功之间遥不可及的感觉简直太糟糕了，这使得我们在面对不期而至的各种挫折和磨难时，往往会沮丧绝望，甚至失去希望，不愿意继续努力。也会让我们对未来产生强烈的不确定感，认为自己的人生很难朝着好的方向前进，也很难达到自己预期的目的。如此一来，人生就会如同一叶扁舟，在漫无边际的大海上随波逐流。

根据目标涵盖的时间长短，我们可以把目标分为三种类型，即长期目标、中期目标和短期目标。所谓长期目标，就是时间跨度很长，能够对人生起到指引作用的目标。长期目标很远大，却也有缺点，即因为时间跨度过长，人们很难通过短期的努力接近长期目标，日久天长未免会感到疲惫和倦怠。所谓中期目标，就是时间跨度相对较长的目标，可以作为长期目标和短期目标的过渡。例如，一年的目标、三五年的目标，都可以被称为中期目标。短期目标，顾名思义就是时间跨度小的目标，例如每个月的目标、每周的目标，甚至每天的目标，都可以纳入短期目标的范畴。那么，短期目标和中期目标、长期目标相比有怎样的显著特点呢？首先，短期目标是更容易在短时间内实现的；其次，短期目标一旦实现，就能鼓舞我们，使我们获得成就感，充满信心地继续前行。因此，每个人既要有长期目标作为人生的指引，也要有中期目标作为过渡，更要有短期目标作为自己在短时间内奋斗的目的，为自己指引努力和奋斗的方向。短期目标就像是高速路上的指路牌，能够帮助我们不断纠正前进的方向，让我们保持初心。

如果把成功具体化为两个部分，那么一个部分是焦点部分，也就是我们关注的世界的某个具体领域，另一个部分是感觉部分，也就是我们的感官参与其中的领域。然而，成功从某种意义上来说是一门"玄学"，虽然有一部分人对于成功有清晰的认知和准确的定位，但是大部分人对于成功却总是感到迷惘的，也不知道自己想要得到怎样的具体目标。在这种情况下，不如为自己设定一个实现目标的具体期限，例如三个月之后、一年之后，甚至在明天一天的时间里。当确定了具体期限，努力的方向就会变得准确明晰起来，我们的拖延症也会因此而好转。当机立断地采取行动，远远比毫无意义的空想更加效果显著，所以每个人都要立即行动起来，一次行动胜于一百次空想。在行动的过程中，我们会逐个实现那些短期目标，由此受到激励，消除疲劳，再次充满力量地前行。

山田本一是日本著名的马拉松运动员，曾经连续两届获得世界马拉松比赛冠军。第一次参加比赛时，山田本一非常瘦弱，所有人都不看好他，更没有想到他居然能获得马拉松冠军。因此，有些记者认为山田本一只是占了主场的便宜，才能侥幸获胜。面对记者的采访，山田本一也说自己是凭着智慧取胜的。对此，大家都很不理解，认为山田本一是在故弄玄虚。四年后，世界马拉松比赛在另一个国家的某个城市里举办，正当大家翘首期盼冠军诞生时，却惊讶地看到山田本一再次赢得了冠军。这次，记者们又蜂拥而至，争先恐后地采访山田本一。然而，山田本一依然说自己是凭着智慧取胜的。人们对此议论纷纷:"短跑靠的是爆发力,长跑靠的是毅力和耐力,和智慧有什么关系呢?"对于山田本一一如往常的回答,他们显然不满意。直到若干年后,山田本一写了一本自传,人们才明白山田本一说凭着智慧取胜是什么意思。

原来,山田本一的智慧就是把大目标划分为小目标。众所周知,马拉松全程长达42.195千米,是非常遥远的距离,需要选手持续不断地奔跑好几小时。在奔向遥远目标的过程中,很多选手会感到筋疲力尽,觉得目标遥遥无期。在这种情况下,他们身心俱疲,尤其是身体的力量已经耗尽,又不知道自己还有多远才能到达目的地时,他们不免感到恐惧,也会情不自禁地想要放弃。在这种情况下,他们越跑越泄气,甚至无法坚持下去。可以说,一个马拉松选手的崩溃是从精神开始的,然后才是耗尽体能,无以为继。有些马拉松选手在半途就选择了放弃,这正是他们失败的原因。

和这样的选手相比,山田本一无疑是充满智慧的。他每次参加马拉松比赛之前都会亲自到场勘察比赛线路。他可不是简单地看一看比赛线路,而是会拿着笔和纸,亲自沿着比赛线路走一遍,他还会记录下沿途的标志物。例如,从起点出发大概五公里有一座红色的房子,再往前三公里有一棵百年老树,再往前四公里会到达一所著名大学,等等。如此一来,利用不同的标志物对赛道进行划分,他就把漫长的赛道划分为若干段小赛道。在跑步的过程中,他会把所有的标志物作为短期目标,每一次都全力以赴奔向距离自己最近的短期目标。当其他选手因为身心疲惫而无力继续快速奔跑时,当其他选手因为目标遥遥无期而忍不住想要放弃时,他却能够一如既往地努力奔跑,奔向自己的下一个目标。这样,山田本一就能始终以比较快的速度坚持跑完全程。可见,山田本一真的是凭着智慧取胜的。

制定短期目标,既可以在制定目标之初就把时间规划好,也可以把长远目标或者中期目标分解为短期目标。后面的做法充满智慧,足以与山田本一划分赛道的行为媲美。其实,不管是面对学习还是工作,我们都可以通过分解目标的方式把长期目标划分为若干个短期目标,这样一来就能顺利地降低难度,让自己通过不断地实现短期目标而获得成就感。如果把人生比喻成爬台阶,那么我们无须抬头仰望天门,而是只需要脚踏实地,一步一个脚印地拾级而上,保持足够的耐心和毅力,最终必然能够到达天门。

在此过程中,我们还要学会复盘。所谓复盘,就是对自己此前的工作和生活进行反思与总结,从而知道自己在哪些方

○ 影响力思维

面做得很好，在哪些方面做得不够好，从而扬长避短，再接再厉。短期目标越是具体，可行性越高，越是能够对我们起到激励作用。当然，我们未必每次都能顺利地实现短期目标，其实失败了也没关系，只要从中汲取经验和教训，我们就能踩着失败的阶梯努力向上。

在制定短期目标之后，我们可以把短期目标写下来，并且根据进展情况及时完善。古人云，不积跬步无以至千里，不积小流无以成江海。在这个世界上，并没有无缘无故的成功，更不会有从天而降的好事。每个人要想获得成功，都要始终坚持不懈地努力，重视点滴积累。物理学领域有个定律，即量变引起质变，其实这个定律同样适用于成功。当努力没有取得想要的结果时，不要气馁，不要悲观，并非努力没有作用，而只是因为努力的时间还不够长久。

制定可实现的目标

目标的意义在于指引着每个人不懈努力，排除万难，最终实现目标。为此，很多人误以为只有成功者才应该制定目标、实现目标。其实不然。每一个平凡而又普通的人都应该有目标，这是因为目标能够帮助我们确定努力的方向。从前，有个人想去楚国，虽然准备了充足的盘缠、结实的马车、经验丰富的车夫，却选择了完全相反的方向，这使得一切有利条件都变成了不利条件，都会阻碍他达到目的地。不得不说，这个人就是没有提前确定目标，没有在目标的指引下找到正确的努力方向。通常情况下，大多数人都能根据目标选择正确方向，从而利用自身优势与努力为实现目标做出贡献。当然，这么做的前提是目标是可实现的，而非是虚幻的或者是不切实际的。

现代社会中，很多人都觉得目标的设定与达成与自己的生活毫无关系。这完全是误解。一个人要想产生影响力，激发自身的潜能，督促自己全力以赴，就必须拥有目标。一旦确立了可行性目标，人们就会深入地探讨如何实现目标，也会整合自身具备的所有资源，合理地安排和充分地利用资源，与此同时还会集中精力实现目标。目标明确的人充满了力量，他们不管做什么事情都很专注，也能够当机立断地做出决策，采取行动。然而，需要注意的是，每个人在制定目标的过程中都需要承担一定的风险，一旦设立了错误的目标，非但不能实现，还会事与愿违。遗憾的是，大多数人都没有意识到这一点，反而误以为设定目标是最简单容易的事情。的确，只需要动动脑子就能提出目标，但是考察和衡量目标是否可行、是否能够实现，可不是一件容易的事情。

为了高效地设立目标，也为了设立准确明晰的目标，我们应该做到以下几点。

首先，要意识到一切可能存在的风险，不要盲目地回避。回避从来不能解决问题，只有勇敢地面对风险，我们才能未雨绸缪，规避风险，提前做好预案应对风险。不同性质的目标都是在描述未来的某种状态，一个人必须积极地改变自己，转变自己的观念，清理消极的想法和情绪，才能树立可实现的目标。在确立目标的一瞬间，很多人都会产生难以言说的复杂情绪，这是因为对未来感到担忧，对现在的处境感到不满，也是因为已经摆脱了当下的状态，神游到目标的实现时刻了。人之所以产生这样的心态，是因为无意识在起作用，为此，人也会感到不安，甚至抱怨自己为何要确立这样的目标。当目标具有强大的诱惑力，人就会心神不宁，也迫不及待地想要摆脱当下的状态，达到实现目标之后的理想状态。那么，在设定目标的过程中，一定要避免这样的风险。

其次，要设定一个恰到好处的目标，或者不设定目标而只是明确自己在未来想要获得怎样的理想状态。接下来，先不要急于思考或者盲目憧憬，不妨把目标或者理想状态搁置片刻，利用几分钟的时间梳理自己的思绪，再开始思考，并且通过提问的方式引导自己接近正确的思维。对于每一个设立目标的人，当务之急就是明确要继续坚持做哪些正确的事情，从而保证在实现目标之后依然坚持做这些正确的事情。对于实现目标之后的情形，也要有正确的预期，即一旦实现目标，我们的生活和工作是会更好，还是会更坏，或者没有什么变化。通过这样的提问，我们对于目标的可行性就会有更加深刻的剖析和理解。

有一个男孩从小就喜欢弹钢琴，也坚持练习钢琴曲。随着渐渐长大，他有了更大的梦想，他想成为和郎朗一样举世闻名的钢琴家。为此，他提出要找老师学习。爸爸妈妈都很支持他的决定，很快就花费重金为他聘请了音乐学院的教授。每次去拜访教授，跟着教授学习，男孩都感到很困惑。因为在第一

○ 影响力思维

次见教授时，教授就只是给了他一个乐谱，让他在接下来的一周时间里刻苦练习。男孩觉得这个乐谱特别难，甚至认为自己不可能挑战成功这么难的乐谱。但是一想到下次上课教授很有可能检查他的练习情况，他只好硬着头皮坚持练习。没想到，一周之后教授压根没有检查他的练习情况，而是给了他一本更难的乐谱，只叮嘱他要好好练习就离开了。接下来的每一次上课，教授都会给男孩一本更难的乐谱，男孩忍不住对父母抱怨："你们给我找的是什么教授啊，除了给我一本乐谱，什么都没有做。"爸爸妈妈安抚男孩："这可是最顶尖的教授，你先不要急，就按照教授的安排去做，也许教授自有道理呢。"看到男孩着急的样子，作为外行，爸爸妈妈压根无法提供什么有价值的意见，只能安抚男孩少安毋躁，听从教授安排。

如此过去了三个月，男孩打定主意："如果这次上课教授还是只给我一本乐谱，我就和他说结束师生关系，毕竟我是去学习的，我想要得到的是指点，是点石成金，而不是枯燥乏味的练习。如果只是练习，我在家里就可以练，为何要花那么多钱去找他给我乐谱呢！"这一次上课，教授没有给男孩更难的乐谱，而是把给男孩的第一本乐谱拿了出来，说道："演奏给我听。"男孩迟疑了一下，就开始演奏。听到自己弹奏的乐曲，男孩都惊呆了，他暗暗想道："我拿到这个乐谱的时候觉得特别难，觉得自己根本不可能挑战如此高难度的乐谱，为何现在演奏起来这么容易呢？"一曲终了，教授仿佛看出了男孩的疑惑，说道："每一个更高难度的乐谱，都是一个短期目标，你就像爬台阶一样拾级而上，不知不觉间已经爬上了很多个台阶，再看最初的乐谱自然会觉得容易。"男孩恍然大悟。这次课上，教授让男孩继续练习此前的各种乐谱，男孩惊喜地发现自己的演奏水平突飞猛进。

每一个乐谱，其实就是相对于此前演奏水平的一个短期目标，这个目标是经过拔高的，却具有可行性，是可以实现的。正是因为如此，男孩才会以登台阶的方式在短时间内进步神速。如果教授给他的乐谱是他根本不可能达到的高度，那么男孩即使很努力练习也不会有进步，就会感到沮丧，甚至放弃继续练习。由此可见，树立一个可实现的目标是关键。

只有可实现的目标，才能激励我们不断地努力向上；只有可实现的目标，才能帮助我们树立信心、鼓起勇气，继续勇往直前。在制定可实现的目标时，一则要考虑到自身的实际情况，二则要考虑到自身所处的环境是否具备有利的条件帮我们实现目标。正所谓世上无难事，只怕有心人。可实现的目标有信心和勇气加持，一定会顺利地实现！

○ 影响力思维

展现自我价值

在生命的历程中，很多人都会怀疑自身存在的价值和意义，为此他们感到很迷惘，甚至失去了继续努力和奋斗的动力。尤其是在人生的低谷时期，他们更是会心灰意冷。也有些人正值人生巅峰期，做出了一些小小的成就，就马上自我膨胀，忘乎所以。这两种人其实都进入了一个误区，即不知道自己真正的价值是什么，因此，他们会长期徘徊不前，更谈不上展现自身的价值。

一个人真正的价值，是对他人的影响，而非给予他人的利益。举例而言，一个曾经获得成功的人哪怕跌入了低谷，没有雄厚的财力继续帮助身边的人，却依然可以乐观地面对磨难，并且以顽强不屈的精神影响身边的人。这就是他存在的价值。反之，如果因为从高处跌落到低谷就一蹶不振、自我否定、自暴自弃，那么他带给身边人的都是负能量，起到的影响作用也是负面消极的，他就失去了原本的价值。生命是一场漫长的旅途，每个人要想实现自身的价值，就要明确自己的使命，清楚地认知自己所具有的影响力，也积极地发挥影响力的作用。每个人都要有笃定的内心，这样才能在人生的大起大落中始终保持淡定从容的心态，一如既往地拼搏奋斗。

一个人要想活得有意义，就要深入了解自身存在的价值，也要抓住各种机会展现自身的价值。首先，要打消内心的疑虑，不要总是认为自己的存在是毫无意义的，而是要看到自己的与众不同，哪怕个人力量很微弱也要重视自己。其次，要找到自己擅长的领域，在这样的领域中，我们才能如鱼得水地发挥自身的影响力，从而影响自己和他人。做到这两点之后，我们不会再觉得自己的存在毫无价值，而是会更加认可自己的存在，也能够怀着信心获得更多的发展机会，获得想要的结果和成就。在坚持去做且坚持做到更好的过程中，我们会向周围更多的人传递价值，传递我们的思想和观点，发挥影响力，彼此影响，互相成就。

很多人都感到迷惘，不知道自身的价值何在。为了更好地了解自身的价值，我们可以问自己一些问题。例如，我们能够做什么事情？我们能够凭着自己的能力解决哪些问题？回答这些问题并不容易，因为答案并非是显而易见的。在很多情况下，我们能够凭着一己之力解决那些早就存在的简单问题，但是当面对那些大多数人都束手无策的问题时，我们就会有心无力。在这种情况下，不要勉为其难地尝试着独立解决问题，现代社会追求合作共赢，既然如此，我们何不把自己微小的力量融入团队之中，从而凝聚团队的力量解决难题呢？在此过程中，我们的思想和观点，我们的行为和举止，我们参与解决问题的方式，都会给他人带来影响，也从某种意义上决定了我们能够获得怎样的结果。

很多职场人一直试图寻找有效的办法来超越自己，获得更好的职位。然而，在苦苦思考的过程中，他们会发现很多新情况，也会渐渐意识到自己可以为此做些什么。毫无疑问，我们也可以进行这样的思考，或者把这种方法运用于团队管理。我们应该以积极的方式认知自己、表达自己、确立目标，这虽然很难，却是必须做的。有些人原本只是普通职员，经过不断的努力才晋升为管理人员，那么就更要有意识地培养自身的影响力，也发挥影响力影响他人。

拨开迷雾见真相

从某种意义上来说，感知能力就像一个火炬，能够照亮真相，驱散迷雾。从本质上而言，感知的任务不是反应客观的事物，而是创造属于我们自己的真相。这样的特质使得感知就像是一台放映机，每时每刻都在播放电影胶片。在感知能力的不断作用下，我们才能对真相有更加深刻的认知，也对于自己有更加深入的了解。

人们常说，心若改变，世界也随之改变。韦恩·戴尔博士作为著名的励志演说家和畅销书作家，曾经说过，一个人必须先改变自己看待事物的方式，才能改变自己看待的事物。这也充分验证了感知的重要性。有人认为，我们此刻所生活的世界是客观存在的，是真实的；也有人认为，我们此刻所生活的世界只是我们内心的折射。对于人生，对于世界，每个人都有不同的理解。然而有一点是可以肯定的，那就是当我们换一种方式看待事物，世界就会换一种方式展现在我们的面前，也会发生相应的改变。这种改变很有可能会使我们感到愉悦。

◎ 影响力思维

常言道，人生不如意十之八九，这意味着每个人都会对属于自己的世界感到不满意，例如对工作不满意，对人际关系感到不满意，对自己没有实现目标感到焦虑。这都是因为现实情况不符合我们的预期。进入这样的状态之后，我们就会在大脑的指挥下全力以赴地去做自己认为正确的事情。这个时候，感知变成了自动放映机，只会放映那些我们想要看到的图像和内容。我们不断地寻找燃料，只希望感知继续自动过滤掉我们不想看到的一切。渐渐地，我们陷入了一种糟糕的状态，这种状态如果长久持续下去，就会产生破坏性。

为了帮助自己鼓起勇气，直面那些想要逃避的事情，我们可以采取一些具体的举措。例如，不要一味地逃避，而是要慎重地想一想自己害怕看到哪些事物，担心发生哪些情况。在确定自己害怕和恐惧的事物之后，就要反问自己：我有没有其他方式来应对这种情况呢？又是否需要注意到此前忽略的各种事实呢？对于这种情况，我真实的想法是什么？这种想法可行吗？当坚持这么去做，你就会情不自禁地试图搜寻证据，证明你一直以来都逃避的各种观点中，并不乏正确的观点。既然如此，你还有什么必要盲目地逃避呢？

作为职场菜鸟，林丹每天都提心吊胆，总觉得公司的老

第02章　发现影响力，形成吸引力

同事们在对她指指点点，或者等着看她出糗。有一段时间，林丹甚至出现了幻觉，走着走着就要回头看看，是不是有人在背后议论她。有一天早晨，林丹险些迟到，急急忙忙冲进办公室，却看到两个同事在她进入的一刹那瞬间停止沟通，转为沉默。林丹难过极了，她想不明白大家为何总是对她心怀不满。

直到中午，突然有同事拎着蛋糕走进办公室，并且把蛋糕放在了林丹的办公桌上。其他同事马上围聚在林丹身边，异口同声地祝林丹生日快乐。林丹惊讶极了，不知道大家是如何得知她生日的，更是惊讶于大家居然给她准备了这么大的惊喜。这个时候，一个同事说道："林丹啊林丹，在公司以往入职的新员工里，你是最警惕的。搞得我们想要讨论给你准备什么款式的蛋糕时，都和做贼一样，今天早晨我和小雅正在讨论谁去取蛋糕呢，你突然进来，简直吓死我们了，还以为惊喜要宣告失败了呢！"林丹恍然大悟，难怪大家总是背着她说一些话，原来只是为了让她这个新人感到温暖和惊喜啊！从此之后，林丹也怀着真诚和善意对待同事们，与同事们之间的关系越来越好了。

如果不是最终验证了同事们只是为了给她惊喜，林丹在这家公司里继续工作下去一定会感到备受煎熬，这是因为她疑心病重，对同事们的行为进行了误判。其实，人与人之间的关系总是相互的，我们要想得到他人的尊重，就要首先尊重他人；我们唯有平等地对待他人，才能得到公平的对待。现代职场上虽然各种关系错综复杂，但是万变不离其宗，人与人相处的首要原则永远是真诚友善。

从现在开始，我们就应该调整好自己的心态，怀着善意看待身边的人。当我们情不自禁地让嘴角上扬，对他人绽放笑容，就会收获他人的笑容和善意。很多情况下，眼见未必为实，亲耳听到的也未必为真，只有用心去感知，用理性去判断，才能拨开迷雾见真相，消除那些不必要的烦恼，让自己更加轻松愉快。

每个人都需要完美顾问

人人都需要一个完美的顾问，为自己的生活指点迷津，也能帮助自己指引方向。不管一个人真实的生活和工作状态如何，都无法只凭着自己的力量应对一切。在职场上，不但普通的职员需要引领者，作为管理者或者是领导者，更是需要完美的顾问为自己答疑解惑。这是因为很多职场人士都会情不自禁地疏远领导，对他们心怀戒备。这样的情况使得领导常常陷入孤独的状态之中，只能关注自己的内心，而无法如愿以偿地与他人分享自己的各种想法、情绪和感受。

那么，怎样才能得到这样的完美顾问呢？相信很多人都特别关注这个问题。去哪里找到这样的顾问？如何顺利地得到顾问的帮助，让顾问为自己答疑解惑？看起来，这些问题很难解决，但是实际上很容易就能回答。因为每个人的完美顾问就是自己。有人说，人最大的敌人就是自己；同样的道理，每个人最完美的老师和顾问，也是自己。当一个人能够深入地了解自己的内心，挖掘自己的潜能，激发自己的力量，那么就可以主宰和掌控自己的人生。

每个人内心深处都有一处宝藏，这座宝藏里隐藏的财富是无穷无尽的。我们从这座宝藏里发掘灵感，发展洞察力，发现独特的潜能，也从这座宝藏里调动自控力、自信力和自律力等。从这个意义上来说，我们无须尝试着挖掘他人的宝藏，而是要优先发掘自己内心深处的宝藏。当然，在这座宝藏里有着我们的完美顾问。当我们成功地请出这个完美顾问，就可以顺利地解决很多疑惑，消除很多困扰。如果我们始终不能成为自己的完美顾问，那么面对人生中的很多境遇就会感到无所适从，甚至手足无措。

要想受益于完美顾问，我们就要进入自我咨询状态。顾名思义，自我咨询状态，就是自己询问自己一些问题，自己为自己做出解答。我们可以给自己合理的建议，就没有必要向他人求助。当然，只有这样是远远不够的，要想成为自己的完美顾问，我们还需要学习一些有效的方法和技巧。具体来说，可以采取下列方法，当好自己的顾问。

第一，学会以反思的方式提出问题，并且尝试着做出回答。现实生活中，很多人都懒于思考，这使得他们安于现状，从不试图改变。思想的懒惰必然导致行为的停滞，毕竟想一想比真正去做要容易得多。虽然我们不提倡每个人都当空想家，但是只有敢想，才能敢干。如果一个人连想都不愿意想，那么根本不可能具备行动力。面对复杂且变幻莫测的生活，每个人都会有很多问题，不要轻易地放过这些问题，调动脑细胞深入地思考吧！在思考的过程中总会有收获，即使不能马上找到答案，也会迸发灵感。

第二，对问题进行升级。既然是完美顾问，我们接下来要做的就是升级问题。很多人都习惯于问自己"为什么"，就像孩子面对世界上千奇百怪的事情有十万个为什么一样。对于这个常规性的提问，大多数人通常都以"因为"作为回答。然而，这样的回答是有很大局限性的，目的在于证明问题的合理，而无法对问题进行创造性的解答。与其对原因做出解释和说明，不如更进一步地提问，引导自己去深入地想一想如何才能解决问题。当关注点不在于原因，而在于结果时，我们就会打开思路，进入全新的思考领域，还很有可能通过关注内心的方式获得灵感，加深知觉，找到答案呢！举例而言，在发生不好的事情时，悲观者总是抱怨这样的倒霉事为何偏偏发生在自己身上，乐观者却会询问自己如何才能改变糟糕的现状，争取得到更好的结果。

前段时间，小戴因为持续咳嗽而去医院就诊，在医生的建议下做了胸部CT以确定是否有肺部感染,却因此而意外地查出了肺部结节。医生看了影像,当即建议马上手术,说恶性的可能性很大。小戴感到难以置信,直到手术后的病理切片结果出来确诊肺癌,他还在问自己"为什么"。不但小戴想不明白这个问题,妻子也很难接受这个现状。妻子常常和小戴一起痛哭,不停地问着:"身体这么好,每天坚持体育锻炼,而且不抽烟不喝酒,为什么就会得肺癌呢?"长此以往,小戴身体状况将会越来越差,治疗的效果也微乎其微。

主治医生看到这种情况,当即和小戴的妻子进行了长谈,而且也开始做小戴的思想工作。小戴和妻子终于意识到,如果不能勇敢地面对疾病,采取积极的态度配合治疗,那么只会导致预后更差。认识到这一点之后,小戴终于不再问为什么,而是开始思考:如何才能让治疗效果更好?如何才能延长生命,高质量地继续活下去?当关注的焦点发生了变化,小戴的心态也就转变了。此后的日子里,小戴不再怨天尤人,抱怨命运不公,而是积极地与医生沟通,也全力以赴地做对康复有利的事情。原本,医生预判小戴只能再活两三年,但是最终小戴又活了十几年。看着孩子长大,大学毕业,小戴感到非常欣慰。

追问为什么,其实是一种消极的应对方式,会使当事人对于事情怀着绝望沮丧的态度。作为完美顾问,我们应该告诉自己勇敢地面对命运的安排。人们常说,生死有命,富贵在天,这就意味着很多事情并非人力可以控制的。面对不能改变的一切,最好的做法就是坦然接受;面对可以改变的一切,就要主动地去做些什么以寻求改变。

当然,即使是完美顾问,也未必能够在第一时间就给出我们完美的回答。如果对于顾问的建议或者主张感到不满意,或者心存疑虑,那么不妨把这些建议或者主张记录下来,等到冷静一段时间后再进行思考,也许就会有崭新的收获呢!

第03章

培养影响力，凝聚专注力

不管做什么事情，想要获得成功，就必须具备专注力。很多人都读过《小猫钓鱼》的故事，知道小猫在钓鱼的时候因为三心二意，最终一条鱼都没有钓到。由此可见，做任何事情，只有专注，才能有所收获。专注力不是与生俱来的，而是在后天成长的过程中渐渐培养的，专注力也是形成影响力的必备因素。

第03章　培养影响力，凝聚专注力

给他人留下良好的第一印象

在心理学领域，第一印象定律为大多数人所熟知。所谓第一印象定律，意思就是一个人在初次见面的时候给他人留下的印象是最为深刻的，也会起到重要的作用。从这个意义上来说，如果给他人留下了糟糕的第一印象，想要扭转或者改变就是很难的。反之，如果给他人留下了良好的第一印象，那么此后的相处就会更加顺利和融洽。由此可见，给他人留下良好的第一印象至关重要。

关于第一印象，圣杰·罗姆曾经说过，大多数人都很难消除早期印象，这是因为我们很难把已经染成紫色的羊毛重新变回白色。人在职场，要想赢得一份好的工作机会，或者是与同事之间建立良好的关系，或者是打动客户，就一定要争取给对方留下良好的第一印象。反之，就会进展艰难，甚至与自己想要得到的结果背道而驰。

作为一个职场新人，萨米一直以来都很重视自己的行为举止,有意识地想要给他人留下良好的第一印象。有一次,萨米收到上司的委托,要独自去拜访一位客户。因为堵车,萨米迟到了。她心急如焚,不住地担忧:这可是一个特别重要的客户啊,我把一切都搞砸了,我就无法借着这个机会好好表现,争取到上司的器重了。等着瞧吧,这次出了纰漏之后,上司再也不会给我这样的机会了。越是这么想,萨米越是紧张,她呼吸急促,身体快速升温,额头上和手心里都沁出了汗珠。在比预计时间晚了半小时到达客户的办公室之后,萨米以颤抖的双手把资料递交给客户,有些尴尬地为自己解释着:"非常抱歉,今天中央大街上发生了车祸,我被堵在那里了。"客户压根不关心萨米为何迟到,只是淡然地说:"我不关心过程,只关心结果。从你汗津津的双手、浑身皱巴巴的衣服和被汗水弄得乱七八糟的妆容上,我看不到你们本该给予我的尊重和重视。"

虽然客户碍于面子还是给了萨米半小时时间,让萨米介绍她所在公司的产品。但是,萨米窘态百出。她从随身携带的包里翻找了很长时间,才找出一支没有墨水的笔;由于忘记把手机调成静音,她对产品的介绍总是被不时响起的手机铃声打断。原本,她以为时间很从容,可以在路上梳理演讲,却在预料到自己极有可能迟到之后心神不宁,压根没有提前准备自己讲述的重点和要点。总而言之，她整个人看起来糟糕极了，混乱不堪，这使得客户对她的印象很差。最终，客户选择和另外一家公司合作，即将煮熟的鸭子飞了。她想得没错，从此之后上司很少再交代重要的事情给她，她在办公室里只能做那些打杂的事情，被不同的人使唤，还负责给大家订午饭和下午茶。后来，萨米几次三番请求上司再相信她最后一次，但是上司拒绝的话都一样——我可不想再拿公司的前途冒险！

萨米不仅代表公司给客户留下了糟糕的第一印象，她本身也给上司留下了糟糕的第一印象。如果她能够未雨绸缪，预留出在道路上遇到意外或者突发事件的时间，提前做好预案，准备好一切，那么她在客户面前就会更从容，表现得更专业，也能够代表公司与客户达成合作。现代职场上竞争激烈，现代商海中不同公司之间的竞争更是异常激烈，所以可想而知，被萨米搞砸了这一切，上司该有多么懊恼，多么愤怒。

要想给他人留下良好的第一印象，我们除了要重视整体的安排，还要尤其关注细节。很多人火眼金睛，他们很清楚，即使一个人表面上表现得很好，也未必就是经得起考验的。所以，他们会特别关注细节，想要从蛛丝马迹之中看到事实和真相，试图由此对他人有更为深入和精确的认知。作为

○ 影响力思维

职场达人，大到工作计划，小到公文包，都是需要展示给他人的。既然如此，我们不妨把所有的东西都列举出来，老旧的物品要及时淘汰，那些廉价的物品则可以进行替换。总之，我们应该做到言行一致，在精神面貌上与自身所代表的企业一致。

即使不知道哪些因素会影响第一印象的形成也没关系，我们不妨在头脑中思考第一印象这个词语，当即，我们的脑海里就会出现很多相应的物品，这些物品就是我们所关注的第一印象要素。例如，公文包、笔记本电脑、发型、鞋子等。每个人关注的要点也许是不同的，但是对第一印象的重视程度却是相同的。唯有做好这些方面的准备工作，我们才能在良好的工作环境中发挥自身的影响力，在工作方面有好的创意。

保持专注

不管做什么事情，专注都是一种至关重要的能力。如果缺乏专注力，我们就会精神涣散、三心二意，也会出现马虎、错误、粗心等表现。现代社会讲究高效，毫无疑问，缺乏专注力的人是不可能做到高效的，他们的效率必然低下。当然，专注力并非与生俱来的，而是在后天成长的过程中形成的。只要有意识地养成好习惯，戒掉坏习惯，保持注意力集中，凝聚精神，就能够提升专注力，继而提高影响力。

很多职场人士都发现，当面对繁杂的工作任务，并且对自己提出过高的要求时，就很难集中注意力。这是因为要求越多，越是容易精神涣散。此外，很多生活中的坏习惯，也会使人无法保持专注。例如，同时做多件事情，原本以为能够统筹安排时间，提高时间的利用率，最终却发现自己什么事情都做不好；安排连续两次会议，甚至有些会议安排上还有重叠现象。这样的人必须认清楚自己只是凡人，一心不可二用的现实，不要过高地估计自己的能力。也有人只有在玩手机游戏或

○ 影响力思维

者电子游戏的时候才能全心投入，做其他事情时则总是三心二意。另外，在原本需要全力以赴做某件事情的情况下却打开了音乐，例如边写作业边听音乐，或者边做项目策划书边听音乐，甚至在一切工作的间隙里都要拿起手机看一看、玩一玩，这样的人也无法保持专注，因为他们不能做到全然投入，无私忘我。其他的坏习惯还有：总是强迫自己在最短的时间里快速思考，只追求思考的速度，而不追求思考的质量；在嘈杂的环境里工作，强迫自己集中精神；虽然觉得很饿很渴，却不愿意先满足生理需求，而是继续勉为其难地工作；感到呼吸急迫，有些压抑，却依然坚持工作……这些坏习惯，都会破坏我们的专注力，或者不利于我们培养专注力。一个人要想真正实现专注，就要满足自己的基本生理需求，同时要为自己营造安静的环境。

有一段时间，编辑小王发现自己工作的效率极其低下。有的时候，他明明一整天都坐在电脑面前，却一个字都写不出来，也静不下心来看稿子。这让小王感到特别苦闷，眼看着工作堆积起来，他觉得自己越来越没有可能如期交稿了。这可怎么办呢？回想起自己曾经一天就能写出来两三千字，小王简直不敢相信，现在的自己工作效率居然如此低下。

痛定思痛,小王开始寻找让自己注意力涣散的原因。在对办公室的环境、同事们的干扰进行分析之后,小王发现自己近来特别迷恋手机游戏和短视频。每天,只要一有闲暇,小王就会拿起手机玩游戏,或者刷短视频,美其名曰让自己的大脑得到充分的休息。表面看来,一则短视频的时间很短,长则十几分钟,短则一两分钟,但是当小王接二连三地看个不停时,时间就悄然流逝了。最重要的是,在看完半小时甚至长达一小时的短视频之后,小王迟迟不能进入工作状态,还没写几个字呢,就又借着上厕所或者去茶水间的机会再次捧起手机,打开短视频。每天早晨,小王尽管按时到达单位,开始工作,其实,在从九点到十二点的整整三小时里,他除了解决个人的生理需求,就是看手机。有一天,小王好不容易完成了六千字的稿件,却发现自己只是在临下班之前的两小时里就完成了全天的工作量,那么其他的时间都去哪儿了?

意识到自己的专注力真的太差,小王开始有意识地改变。每天到了办公桌前准备开始工作时,小王会先把手机放到远离自己的地方,而且调成震动状态。除非有重要的事情需要接打电话,否则小王坚决不允许自己拿起手机。刚开始时,小王极其不适应,总是出现幻听现象,听到自己的手机在响铃。几天过去了,小王渐渐适应了这样的工作状态,有一天居

○ 影响力思维

然打破了此前的写稿纪录，写出了三万字的稿件。这让小王感到特别充实，觉得工作很有价值和意义。小王爱上了这种感觉，也很少再依赖手机了。此后，小王不但在工作时间里减少对手机的依赖，下班之后也尽量减少使用手机。奇迹发生了，他能够专心致志地陪伴孩子，再也不会待在孩子身边却只顾着看手机了。每天入睡之前，他还会和妻子进行沟通，聊一聊当天发生的各种事情，居然缓和了与妻子的关系，减少了妻子的抱怨，夫妻感情也更好了。

从小王的亲身经历中，我们不难看出，手机是导致很多现代人不能专注的重要原因。对现代人而言，被手机绑架已经成为常态，他们每时每刻都想玩手机，既不能做到全心全意地工作，也不能做到专心致志地生活。长此以往，现代人都呈现出注意力分散的特点。走路时低头看手机导致悲剧的事件媒体也时有报道，有人因此而掉入河里，有人因此而发生交通事故，有人因此而滚下高高的楼梯，等等。总而言之，手机固然为我们的生活提供了各种便利，却也给我们的生活带来了很多困扰。要想保持专注，就要放下手机。摆脱对手机的依赖，更多地关注身边的人和事情，真正地投入生活和工作中，我们会发现更多的美好，也会获得更多的成就。

为了时刻提醒自己,我们还可以把包括手机在内的诸多专注力干扰因素列举出来,或者打印出来,放在最明显的地方时刻提醒自己。为了长久地保持专注,我们还要进行有意识的思考,从而选择一种更好的方式投入某件事情之中。在此过程中,我们还要以顽强的意志力坚持改掉那些不良的习惯,如此双管齐下,提升专注力就能事半功倍。最重要的是,不管做什么事情,都要坚持每次只做一件事情的原则。例如,读书的时候最好不要听音乐,走路的时候最好不要玩手机,和朋友交流的时候最好不要想无关的事情,工作的时候最好不过多地预设不好的结果。活在当下,专注于当下,才能真正有所收获。

○ 影响力思维

一呼一吸间，凝聚影响力

说起每个人生存所必需的东西，大家马上就会想到阳光、空气、水，等等。的确如此，如果说鱼儿离开了水就会因为干涸窒息而死亡，那么人类离开了空气只需要短短的几分钟时间就会失去宝贵的生命。我们每时每刻都要呼吸，以满足身体对于氧气的需求。氧气是人类生存的基本物质，氧气就在我们的身边，无处不在，无时不在。人体非常神奇，有一个自动系统负责收集氧气，并且将氧气运送到身体的各个部位。虽然在日常生活中，我们每时每刻都在通过呼吸摄入氧气，但是当遇到突发或者紧急情况，需要摄入更大量的氧气时，我们却会在不知不觉间减少摄入氧气，这直接导致一个后果，即我们的呼吸变得非常困难。那么，如何才能在紧急状态下摄入大量氧气，提升自己的思维能力和反应能力，让自己更加从容地应对各种情况呢？如果具备了这样的能力，我们就不会再因为紧张和焦虑而感到呼吸困难，就能够以更从容的姿态面对生命中的各种事情。

面对艰难的境遇,很多人都会在无意识状态下使用一些方法帮助自己保持专注,最终的目的就是把自己的所有注意力都聚焦在某件事情上。遗憾的是,大多人采取的方式都是不正确的,非但不能激发自身的潜能,反而会抑制自己发挥潜力,那就是在无意识的状态下收紧自己的身体,使自己的身体保持稳定的状态,具体表现为收紧下巴和肩膀,在无意识的状态下呼吸,或者把深呼吸转变为浅呼吸。毋庸置疑,要想让自己达到最好的状态,我们原本应该有意识地放松身体和精神,这样才能卓有成效地提升效率,获得自己想要的结果。现实偏偏与理想的状态相差甚远,那么,我们如何才能做到真正地放松,让自己在一呼一吸之间具备最好的状态呢?

接下来,我们先来看看收紧状态下的各种表现,从而能够判断自己是否处于收紧状态。例如,收紧状态下的人会忍不住蹙起眉头,把自己的肩膀向前弯曲,还会缩小瞳孔,仿佛这样就能以最近的距离靠近面前的材料,降低这些材料的难度。最重要的是,人们的呼吸还会变浅,这使得身体无法得到充足的氧气,头脑很有可能变得昏昏沉沉,无法保持理智清醒的状态。当你处于这样的收紧状态时,你就正在向他人传达限制性信息,这是一种负能量。虽然你并没有直接告诉他人,你觉得很难完成这项任务,你害怕这个挑战,但是你的身体语言

○ 影响力思维

准确无误地表达了你当下的感受和想法。在这样的情况下，他人很难积极地回应你，哪怕你在会议上抛出了一些问题，急于得到他人的意见或者是建议，他人也会无动于衷。与此同时，他人还不愿意陪着你一起加班，也不愿意在相关的项目上投入更多的时间和精力。为了改变这样的糟糕局面，你首先要调整自己的内在状态，改变自己的肢体语言，这样才能在最短的时间内向大家呈现出你的放松状态，让大家感受到你的自信和力量，大家才愿意追随你、响应你、拥戴你。

作为销售经理，李锐青本身并不特别优秀，甚至还有"大忽悠"的外号。他说话常常夸大其词，看似饱含热情，实际上却不切实际。不过，他这样的表现也是有优点的，那就是极具鼓动性，尤其是在招聘新员工的时候，他总是能用慷慨激昂的讲话打动他们，使得他们愿意加入他的团队中。正是凭着这一点，李锐青发展壮大了自己的销售团队。

最近，李锐青却如同霜打了的茄子一般，总是蔫头耷脑的。这次的会议上，团队成员们没有如同以往一样听到李锐青的大嗓门，而是看着李锐青斗志全无地坐在那里。团队成员们仿佛也受到李锐青的影响，全都沉默着，在进行到为下个月设定业绩目标这个环节时，大家提出的目标都明显变小了。

这时，李锐青意识到是自己影响到了大家的工作热情和积极性，因而当即站起来舒展自己的肩膀，挺直自己的脊梁，在深呼吸几次之后，郑重其事地对大家说："各位，希望我的情绪低落不要影响到你们，希望你们一如既往地努力和拼搏。接下来，我们重新制订下个月的销售目标，我们的店业绩目标是50万元。"当李锐青以坚定的语气说完这番话之后，大家的精神明显振奋起来，每个人都提出了更高的目标。当然，在会议结束之前，李锐青也没忘记进行必要的形式，那就是大家齐呼："我是最棒的，我是最棒的，我是最棒的！"很快，这个团队就满血复活了。

从上述事例我们可以看出，调整呼吸可以最快地改善一个人的状态，甚至是改善整个团队的状态。所以一旦意识到自己的呼吸变浅，我们就该有意识地调整。毋庸置疑，呼吸变浅的负面作用是极其显著的。呼吸变浅会触发人体的调节机能，减缓活动，缩小活动范围，使你只关注最重要的事情，情绪也从焦虑变为沮丧，注意力更是会降至最低。这样一来，你就无法进行创造性思维活动，也无法发挥创造力解决问题。与此同时，你还会如同刺猬处于攻击状态一样，随时准备用你满身的刺去刺伤他人。在这样做的过程中，你的自我愈合能力急速降低，很容易因为一些不值一提的事情而绝望。可想而知，在团队之中，这样的人将会成为负能量源，给整个团队都带来消极的变化。只要调整好自己的状态，在意识到自己处于收紧状态，呼吸局促的时候，当即无视这些糟糕的表现，强制要求自己必须做点儿事情振奋精神，那么情况很快就会好转。例如，站起来自由地舒展自己的身体，最大限度地拉伸自己的身体，可以转动肩膀，也可以原地踏步，总之远离让你紧张的事情。接下来，首先要做的就是调整呼吸状态，从浅呼吸转化为深呼吸。在深呼吸的过程中，要控制好呼吸的速度，既要缓缓地吸气，也要在短暂停顿之后，缓缓地呼气。注意，不要像参加短跑冲刺之后那样呼吸，那样不能使你摆脱收紧的状态。舒缓地呼吸，才是最好的选择，也是效果最为显著的举措。

这些做法虽然很简单，但是当你坚持这么做之后，就会发现自己的身心状态有了奇迹般的改变。你不再沮丧，不再无措，你甚至觉得自己再次充满了力量，在你的心灵深处，有一股热情正在灼灼燃烧。再次投入工作之时，你会发现自己产生了积极的影响力，你的整个团队都因此有了好的改变。

忙碌时该怎么办

作为现代人,尤其是作为生活在大城市的现代人,生活怎一个"忙"字了得。在熙熙攘攘的大城市里,几乎所有人都行色匆匆,日出而出门,日落还在工作,只有等到满天繁星时才能拖着疲惫的身体回到家里,唯一的念头就是一头栽倒在床上,睡个昏天暗地。然而,明天又是今天的重复,事情只会比今天更多,你会更忙碌,而不会变得清闲。且不说财务自由,就连时间自由也成了奢望。忙碌,是现代人生活的常态,也是现代人摆脱不了的梦魇。然而,忙碌未必都是负面作用,有的时候,忙碌使我们充实,也让我们的人生变得更加美好。

需要注意的是,忙碌不是混乱。很多人都把忙碌与混乱混为一谈。他们认为忙碌就要手忙脚乱,就要被时间追赶着仓皇奔跑,就要生活如同一团乱麻般糟糕。其实,这是对于忙碌的误解。作为普通的职场人,当陷入盲目忙碌的状态时,我们就无法捋清楚事情的轻重缓解,无法合理地给这些事情排序，使自己如同一只贪心的小猴子，总是捡起芝麻丢了西瓜；领导者和管理者在盲目忙碌的状态下会无法保持冷静和理智，所做出的决定很容易犯各种错误，也无法保证能高效地解决问题。如果真的陷入盲目忙碌的状态，最好的选择就是什么也不做，这同样能产生影响力。有的时候，我们的存在本身就代表着我们的意图，也会传递出我们的坚定力量。

在这个信息大爆炸的时代里，铺天盖地的数据和信息淹没了我们，人们仿佛每时每刻都在召开电话会议、回复电子邮件、完善各种各样的电子文档，以及以先进的通讯手段与近在咫尺或者远在天边的人进行沟通。除此之外，我们还要负责各种繁杂的工作，应对生活中鸡毛蒜皮的小事情，我们恨不得如同孙悟空一样，会分身，变出无数个自己才能忙得过来。网络的即时性和有效性，使我们深陷数据的泥沼中无法自拔，令我们面对着茫无头绪的信息濒临崩溃。在组织机构中，尤其是高层领导者，更是每时每刻都在追求最高效率。当忙碌达到一定程度的时候，舍弃就成为必然的选择，例如舍弃那些不重要的事情，舍弃那些不是必须做出的选择，舍弃自己的一些兴趣爱好，只关注工作的结果，而不关注工作的过程。这是一个快餐时代，很多事情都和方便面一样是即时享用的，所以人们总在追求最简单、最便捷和最迅速。然而，如果我们的身体走得太快，渐渐地，我们的心灵就会被远远甩下，这使得我们身心不协调，面临着情感濒临干涸的困境。

常言道，没有最好，只有更好。但是，在现代社会中，这句话却未必有道理。和以往相比，已经没有更好的选择了。这是因为你无法保证自己的选择是最好的，你无法重新审视那些你关注的要点，你无法明确表现出你的意图和你的力量，也无法把游戏从自己的手机空间与心灵空间中彻底剔除出去，再加上那些意义微乎其微的社交活动，你会觉得自己变成了空心人，甚至没有喘息的时间，没有平静的时间，没有独处的时间。每天，你早晨睁开眼就变成了公共交通工具上的一条沙丁鱼，晚上再带着迷蒙的睡眼强撑着回到家里。你的身体始终保持收紧的状态，对你而言，深呼吸都成了奢侈品，阅读更是不可能做到的事情。铺天盖地的信息淹没了你，也淹没了无数个和你一样的人，每个人都只留下一个绝望的泡泡，在这个时代的海面上等待着幻灭。这样的人生简直太可怕了。

为了改变这样糟糕的生活，我们必须做点改变。从现在开始，我们要坚持早睡早起，早睡可以保证充足的睡眠，保证身体健康，而早起则能够让我们以良好的状态开始新的一天。和日上三竿才起床的人相比，早起者的一天无形中被延长了，在那些大懒虫还没有起床的时候，早起者就完成了诸多重要的事情。从现在开始，我们要坚持在做事情之前先分清楚轻重缓急，给所有的事情排个序。如果能够保证自己始终都在做最重要且最紧急的事情，我们就不会因为那些还没有排上日程的事情而感到紧张和焦虑，我们就可以专注于当下，专注地做好自己正在做的事情。从现在开始，既要避免无效社交，也要学会把有限的时间和精力花费在值得的人身上。如果想要拥有大块的空闲时间，那么就要学会利用碎片化时间，做好琐碎的事情，从而起到积聚时间的作用。偶有闲暇，与其打开手机玩游戏，刷那些毫无意义的小视频，不如捧起一本书阅读，或者进行冥想，让自己的心恢复平静。

　　大文豪鲁迅先生说，时间就是生命，浪费别人的时间无异于谋财害命。的确如此。遗憾的是，很多人都没有意识到时间的宝贵，更没有通过合理的安排最大限度地利用时间。生活中，有很多人看似忙碌，其实只是在虚假地忙碌。他们东奔西跑一整天，未必会有收获。反之，有些人看起来气定神闲，却在从容的状态下做好了很多事情，他们才是时间真正的主宰者。只要合理且充分地利用时间，我们就可以分身有术，做好事情的同时，拥有独属于自己的时间。学会应对忙碌，对任何人而言都是一种非常重要的能力，因为这预示着我们将会拥有怎样的人生。养成了珍惜时间的好习惯，能高效利用时间，人生就会从忙碌变得从容,既有时间看日出,也有时间观日落,还能在白天抽空发个呆呢。

要想从容应对忙碌,除了要充分高效地利用时间,还要学会借力。无论一个人多么强大,都无法只依靠自己的力量就做好所有的事情。在这种情况下,我们要学会合作,借助于团队的力量完成自己的梦想,实现团队的共同理想。现代社会分工越来越细致,对于合作的要求也就越来越高。我们不能搞个人英雄主义,而是要保持谦虚的姿态,既要看到自己的优势和长处,又要看到他人的优势和长处,从而做到扬长避短,齐心协力地达成目标。总之,忙碌不应该是生活的常态,我们要学会在忙碌中找到清闲,在繁杂的事物中找到井然有序的线索。

保持一致

对"社恐"的人而言,最可怕的事情莫过于从注视自己的人群中穿过,那些带着探寻意味的目光使他们如芒在背,那些窃窃私语声仿佛具有特异功能一般直抵他们的心灵。其实,不仅"社恐"的人害怕被人关注,很多普通而又平凡的人,同样不希望自己生活在他人的注视下。有些看起来与我们毫不相关的人,总是关注我们的一言一行、一举一动,甚至关注我们所有细微的不起眼表现。很多情况下,这种观察并非是显而易见的,普通人并不能敏感地觉察到这种关注的存在。甚至那些总是关注他人的人,都不曾意识到自己是如此"咸吃萝卜淡操心"。但是这丝毫不能改变一个事实,即很多人都被注视着,不管是在精神上还是在情感上,不管是在视觉上还是在听觉上。有的时候,我们已经离开某个地方或者某些人几分钟甚至几小时了,他们依然在乐此不疲地谈论我们。

听上去这很可怕,不是吗?这样残酷的真相,足以使一个不"社恐"的人变得"社恐"。的确如此,这样的生存环境将会对你产生极其重要的影响。在此过程中，如果你能保证自己传递出去的信息保持一致，那么你就会具有强大的影响力。反之，如果你的行为与自己此前的行为举止不一致，那么你的影响力就会减弱，你所树立的个人品牌也将不再清晰。

人人都需要一致性，即让自己的观点前后一致，让自己的行为前后一致，让自己的所有表现都前后一致。这是一个挑战，因为人处于发展和变化之中，很容易就会发生或者微妙或者显著的改变，所以保持一致性很难。那么，我们就要有意识地增强自己的一致性，这是有难度的挑战，做起来却很有意思。

艾米在一座高档的写字楼里工作。入职没多久，她就发现写字楼里的很多场所都光明正大地安装了摄像头，连角落中也有。写字楼里的摄像头如此之多，多到令她觉得自己无时无刻不被他人关注着、监视着。艾米是个很注意自身形象的女性，如今她已经在写字楼里工作六年了，但是她依然保持着刚刚来到写字楼里工作时的习惯，那就是每当走到摄像头的摄影范围内时，她就会有意识地检查自己的仪态，也会有意识地做出更好的表现。不管是上班还是下班，她都以良好的面貌和得体的穿着打扮出现在大家面前。整个人都和从前不一样了。有一次，时隔数年没有见过的好朋友遇到了艾米，不由得惊呼："上帝啊，艾米，真的是你吗？你看起来完全不同了，你就像是真正的成功女性。"艾米当然知道自己迄今为止只是普通的职员，但是这并不妨碍她把自己打造得像职场精英女性一样。

看到艾米的事例，相信很多朋友都会惭愧地反思自己。现代社会中，也许是因为工作紧张忙碌，也许是为了应付工作耗尽了时间和精力，有相当一部分人在工作场合的形象和在私底下的形象是完全不同的。例如，他们走出家门的时候光鲜亮丽、打扮入时，却在回到家里之后蓬头垢面。如果一个同事只看过他们在职场上的样子，那么就会对他们保持良好的印象。但是，如果一个同事因为偶然的机会亲眼见到了他们在离开单位之后的样子，就会忍不住感到疑惑：这真的是同一个人吗？由此一来，同事先前对他形成的印象就会轰然崩塌。

为了让自己始终给他人留下良好的印象，保持一致性是很有必要的。那些保持一致性的人，在不同的场合里都同样体面整洁，这是发自内心地热爱生活，也热爱自己。

一致性对于很多人都至关重要。例如，一家公司的老板向来支持员工们喜欢的球队，那么哪怕是在私底下，也不要用言语抨击这支球队。有时一句话就会导致严重的后果，这就是失去一致性导致的连锁反应。如今,娱乐圈的很多明星都有人设,有好男人人设,有美少女人设,有善良人设,有学霸人设。他们最害怕的就是人设垮台,这样他们就会在粉丝心目中失去一致性,瞬间失去很多粉丝的支持,演艺生涯也就岌岌可危。

当然,我们作为普通人,也有自身的影响力。要想继续保持自身的影响力,我们就要保证一致性。记住,每个人的背后都有无数双眼睛,一个人绝不是只需要对自己负责,还要对自己的行为举止负责。唯有保持一致性,我们才能成为他人的榜样,以积极正向的影响力影响他人。

○ 影响力思维

常常惊叹

要想发挥影响力，最直接有效的方式，就是创造性地并且夸张地表达你的惊叹。现实社会中，每个人都承受着巨大的生存压力，忙于工作和家庭生活，疲于应对各种突发和意外情况，难免会有情绪低落的时候。在这种情况下，人们发现美好事物的能力就会渐渐衰退，总是以悲观的心态看待周围的人和事情，而不能真正做到积极乐观地应对一切。因为人们的思维受到了负面影响，内心产生了恐惧，所以原本面对的只是不值一提的挫折和磨难，却导致自己与整个世界的关系都处于恶化状态。渐渐地，人们对于人生越来越失望，甚至完全失去了希望，这简直令人无法应对。

只要认真用心地回顾过往，我们总能发现自己曾经有过这样的状态。在这样的消极状态中，我们对于很多事情都失去了兴趣，不愿意积极地投入其中。这个过程是极其缓慢的，也是令人难以觉察的。越是如此，我们越是应该充满警惕，这样才能及时发现自身的异常状态，积极地反省和觉察自己，也就可以在第一时间采取有效的措施改善各种情况。渐渐地，我们会发现一个事实，那就是即便事情非常糟糕，也必然有一面是令人惊叹的。当我们因为一件糟糕的事情而惊叹时，这意味着我们不仅看到了事情令人沮丧的一面，也看到了事情令人振奋的一面。在惊叹的过程中，我们不但影响了别人，也会影响自身。我们会对自我意识的控制采取放松的态度，这样就能有效地缓解紧张和恐惧，也能有效地避免灾难发生。通常情况下，这一招屡试不爽。

那么，如何才能做到常常惊叹呢？从心理学的角度来说，即不要总是看到事情令人沮丧和失望的一面，而是要怀着积极的心态，发现事情有利的一面。从辩证唯物主义的角度来说，任何事情都有两面性，既有好的一面，也有坏的一面，我们要做的就是一分为二地看待问题，既不要盲目地乐观，也不要无端地沮丧。举个简单的例子，很多人对于自然现象都怀着理所当然的态度，认为这些现象本该如此。实际上，大自然造就了美丽的自然风光，那些宏大的自然现象更是令人惊叹。例如，狂风暴雨、风和日丽、骄阳似火、滴水成冰，无不表现出自然不可抗拒的神力。一个具有感知力的人，应该意识到这些现象和自然景观都是令人惊叹的。不仅如此，自然界中的所有事物都令人感到惊叹。例如，蚂蚁能够搬动比自身重若干倍的物体，天生的建筑大师蜘蛛能够编织出世界上最为精美绝伦的巨网，在缺少泥土和水分的岩石裂缝中居然能生长出植物，还有清晨草叶的露珠、傍晚橘红色的晚霞等，都足以令我们惊叹。

面对这些自然的馈赠，我们无须进行过多的思考，只要发自内心地惊叹即可。当我们坚持进行这样的练习，就会渐渐地恢复对于自我意识的控制力，也就能够防止无意识衰退的现象变得越来越严重。实际上，当我们对于周围的人和事具有更加敏锐的感知能力，我们就能提升工作能力和工作效率。当然，最初进行这项练习时，我们难免会感到刻意，觉得自己是在故意地达到某种目的。毕竟一直以来我们都在关注那些糟糕的事情和可怕的事物，也曾为此牢骚满腹喋喋不休，甚至怀有最恶毒的诅咒。所以，我们的内心以及周围的世界都充满了这些负面的情绪，这将会使我们的生活陷入恶性循环之中，变得越来越糟糕，让我们频繁地想起那些可怕的事物，而忽略了生活中的很多真善美。

坚持进行惊叹练习，目的就在于帮助我们养成发现美好的好习惯，这样我们才会渐渐地忽略那些可怕的人和事情，忘记那些不好的感受。有人说，每个人看到的世界其实是他们内心的折射，这句话很有道理。当我们的内心变得充实美好，变得善良柔软，整个世界都会因此而变得美好和柔软起来。所以从现在开始,我们就要着手进行和坚持惊叹练习。要相信,世界是美好的,生命是值得每一个人珍惜的。

小昭出生在一个酗酒家庭里,从记事开始,她就特别害怕爸爸喝醉酒,也很害怕爸爸发酒疯。每当爸爸出门,小昭就会提心吊胆,生怕清醒的爸爸会变成烂醉如泥、如同魔鬼一般的酒鬼爸爸。然而,爸爸从未让小昭"失望"过,总是清醒着出门,烂醉着回来。随着年岁渐长,小昭越来越懂事,也就变得特别自卑敏感。她终日惴惴不安,提心吊胆,觉得全世界的人都在嘲笑她,鄙视她。小小年纪的她哪里知道,有这样的一个爸爸其实不是她的罪过。有一段时间,小昭甚至请求妈妈下定决心和爸爸离婚,因为她的心情阴郁得就像是能够拧出水来的破抹布,简直快要把她彻底淹没了。

小昭做出了极端的自残行为,她尝试着结束自己的生命。妈妈这才意识到小昭不仅是害怕爸爸,而是极度恐惧爸爸,想要逃避这样的生活。妈妈痛下决心带着小昭离开了爸爸,而且和小昭一起去了心理门诊。经过心理医生的耐心疏导,小昭才慢慢地恢复了健康的心理。有一天,妈妈和小昭一起去郊游,看着路边盛开的野花,小昭惊喜不已,欢喜雀跃,看到小昭的幸福如此简单,妈妈百感交集,后悔没有早些给小昭一个安稳的生活氛围。

在这个事例中，小昭先是恐惧爸爸喝酒，继而对自己感到不满，对自己的生活产生了逃避心理，所以整个人都被阴沉的心情压抑着，根本看不到生活和生命的美好。幸好在小昭以极端方式伤害自己之后，妈妈意识到了问题的严重性，才能带着小昭逃离，给小昭一片晴朗的天空。

生活中的大多数人都比小昭更加幸运，有幸福美满的家庭和疼爱自己的父母。但是，即便如此，人人也都有自己的烦恼。那么，面对心情的时而亢奋时而低落，我们要学会调节自己的心情，以敏感的心灵发现生命中的纯真和善美。只有坚持这么做，我们才能成为内心充满阳光的人，才能对周围的世界施以积极的影响力。

第04章

释放影响力，表达需求力

每个人都有影响力，每个人的影响力是不同的。在释放影响力的过程中，我们还应该具备积极表达自身的需求力。需求也是一种力量，正是各种各样的需求激励和鞭策着我们在人生的道路上执着前行，勇敢追求，不懈努力。

第04章 释放影响力，表达需求力

呈现心灵的外衣

自从老祖宗穿上了自己用树叶等自然物制造的粗陋衣服，人类就与赤身裸体彻底告别了。时代发展至今，人类的服饰更是精彩纷呈。如今，服饰已经不单起到遮挡身体的基本作用，而且具有重要的品牌价值，有些名牌服饰还能作为身份和地位的象征。总而言之，对每个人而言，外表就是自身品牌的外在象征，将会产生不容忽视的巨大影响，也能够反映出每个人的心理状态。所以不要再单纯地认为穿衣服就是包装自己，而是要把服饰作为自身的重要组成部分，这样才能端正心态，真正地重视服饰和自身形象的影响力作用。

在人际交往中，很多人误认为沟通就是积极地表达，也有人对此提出异议，认为沟通就是倾听。其实，这两种观点都有不足之处。如果从影响力的角度来看，那么早在我们倾听他人，对他人表达我们的观点和想法之前，外表作为无声的语言就已经代表我们与对方进行了沟通。反之，我们在面对他人，尤其是在面对初次见面的陌生人时，同样也会以观察对方外表的方式了解对方。从这个意义上来说，外表是一种非语言交流方式，起到了重要的交流作用。举例来看，我们看到一个老师穿着西装革履，必然会产生信任感；我们看到警察穿着警服，马上就会觉得自己很安全。反之，我们看到一个流氓赤裸着上身，暴露出各种文身，还戴着一条大金链子，镶着金牙，那么肯定会感到有些担心，不知道如何与对方相处。从某种意义上来说，服饰能够以无声的语言向对方传达我们的完整性和一致性，对语言表达而言，服饰的无声诉说起到了很好的辅助和支持作用。

一直以来，张总都不太看重外表，所以常常穿着与他的身份不相符的服饰。作为助理，小艾几次三番提醒张总要注意着装，张总却不以为然。这段时间，公司上上下下齐心协力，终于搞定了一个大客户，很快就要举行签约仪式了。小艾为了避免节外生枝，特意为张总购买了一套名牌服饰，还搭配了衬衫、领带、皮带和皮鞋等。在小艾苦口婆心的劝说下，张总终于答应盛装出席。然而，在与大客户的签约仪式上，张总却顶着一头乱糟糟的头发出现了。小艾叫苦不迭，看到客户们清一色的西装革履，头发全都一丝不苟，小艾恨不得找个地洞钻进去。果不其然，客户看到张总的外表，有些迟疑，随便找个了理由,约定下次再正式签约。

张总丈二和尚摸不着头脑,压根不知道问题出在哪里。送走了客户,小艾拿了个镜子给张总照,张总这才发现自己的头发就像鸡窝一样。他难以置信地问道:"难道客户是因为我的发型才临时改了主意?"小艾毫不迟疑地点点头,说:"张总啊张总,我煞费苦心地打造您的完美形象,万万没想到会失败在发型上。你想想,我们为了拿下这个客户付出了多少努力,如果真的因此而失去这个客户,那可就太遗憾了。"张总觉得小艾说得很有道理,一改往日不重视形象的作风,当即就去理发,而且精心设计了发型。后来,张总隆重地去拜访了客户,又与客户进行了深谈,这才渐渐扭转了客户对他的糟糕印象,顺利地与客户签约。

古人云,一屋不扫,何以扫天下。对事例中的张总而言,如果他连自己的形象都不能维护好,又如何能够做好客户交代的项目呢?在这个世界上,的确有人不在乎外表,那么他们无外乎得到两种评价:一种评价是做人不讲究,也不够尊重他人;另一种评价是天才总是不拘小节。显而易见,大多数人都不是天才,所以大多数人都会给人留下邋遢的印象。

尤其是在职场上,很多人都特别关注细节,留意小事。

哪怕只是作为普通的职员,我们也应该穿着得体的衣服,把发型梳理得一丝不苟。如果有财力,还可以为自己匹配相应的装饰品,起到锦上添花的作用。当然,关注外表未必一定需要投入大量的财力。很多人财力有限,买不起昂贵的服饰和装饰,但也可以把自己打扮得干净清爽。举个极端的例子,衣服可以有补丁,但是一定要干净整洁。一个穿着旧衣服却干净整洁的人,必然比穿着昂贵的名牌却邋里邋遢的人更能够赢得他人的尊重。

需要注意的是,每个人的穿衣风格都是独具特色的。我们选择穿怎样的衣服,会影响我们的影响力。也许有人会说,路遥知马力,日久见人心。的确,长久的相处能够证明我们的实力,但是何不在初次见面的时候就给他人留下好印象,赢得他人的信任和尊重呢?很多事情是相辅相成的。如果是公司的领导者或者是管理者,那么还要保持一致,即让自己的外表和内涵留给他人相同的印象,他人认为我们是精明干练,还是糊里糊涂,在最初相识的时候很大程度上取决于我们的外表。

为了形成影响力,我们已经做出了很多努力,既然如此,就不要因为在外表上的小小失误,导致自己陷入被动的局面。我们很有必要花费一些时间精心打造自己的形象,也可以用些心思评估我们的外表将会产生怎样的影响力。当我们对自己的外表表示满意，而且外表也的确与我们的性格、能力达成一致时，我们的外表就成功地具备了相应的影响力。反之，我们就需要继续完善自己的外表，让自己看起来更令人信服。

在现代职场上，很多人都把办公室当成了T台，恨不得每天都穿着不同的衣服在办公室里走秀，赢得同事的关注。这使他们在购买衣物的时候陷入了误区，不买贵的，只买便宜的，因为这样才能购买更多款式的衣服；另一个误区是，他们在购买衣服的时候，不买中规中矩的款式，只想着以奇装异服吸引人们的关注，所以穿的衣服五花八门，千奇百怪，令人侧目。这是打造良好外表的大忌。正确的做法是，尽量购买那些质地优良、款式经典的服饰。这样的衣服可以穿着很久也不会掉色变形，而且款式不过时，适用于很多场合。不管是购买衣服还是鞋子，我们都要秉承这个原则，要像对待自己的身体部位那样慎重地对待衣服和鞋子，它们与身体部位的区别在于，身体部位不能选择，它们却可以选择。要相信，大多数人都会马上发现你的变化，并且对你产生不同的印象。这意味着你的影响力因为衣服和鞋子的改变而发生了改变。

从本质上来说，影响力要把我们期望得到的结果与自身所具备的影响力相联系，所以影响力不是一种力量，而是一种行为。例如，艺术家的影响力不仅仅在于作画，也不仅仅是穿着独具特色的服饰，而在于将这些因素与自己的语言、文化、风格等组合起来，从而给人留下独特的印象。只有完美地达到预期，影响力才算发挥了应有的作用。反之，作为一名企业管理者，就不能表现得和艺术家那样特立独行，而是要精明干练，具有专业的知识和高超的管理能力。例如，艺术家可以蓄须，管理者却应该刮干净自己的胡须，使脸颊和下巴都干干净净的；艺术家可以穿着仙风道骨的衣服，管理者却要西装革履，才能显得精明强干；艺术家可以说一些充满诗情画意的话，管理者说话却要条理清晰。正是在影响力的作用下，艺术家和管理者才能把自己想要传递的信息，原原本本地传递出去，起到最好的效果。

在打造自身形象的过程中，我们还要有整体观念，不要单独考量某一件衣服或饰品。这是因为影响力原本就是多种因素综合作用的力量，表现在外表上也同样如此。

我选择，我快乐

人世间，很多人都追求幸福，却不知道幸福为何物。有人认为有钱就是幸福，实现财务自由，可以做到想买什么就买什么，压根不用考虑经济压力；有人认为，有权势就是幸福，可以凌驾于他人之上作威作福，以权势欺压他人，或者做任何自己想做的事情；有人认为，家庭和睦就是幸福，一家人其乐融融地生活在一起，彼此相亲相爱；还有人认为，做自己喜欢做的事情就是幸福，把工作与兴趣爱好合二为一，每天工作都是在享受，都是在贴近自己的心灵……当然，不同的人对于幸福的定义还有很多，其实在人生漫长的旅程中，拥有选择的自由和权力，才是真正的幸福。

所谓选择，指的是在不同境遇中，可以自主决定，也可以承担由此而引发的后果。举个简单的例子，现实生活中，很多人为了维持生活，为了生存下去，不得不去做一些特别辛苦的事情，例如顶着四十度高温干农活或者在建筑工地上搬砖。如果拥有选择的权力，那么就可以给自己放一段高温假,让自己享受夏天。当然,不是说只有工作辛苦的人才想逃离,很多事业有成的人也同样想要逃离现在的生活。他们如果有选择权,就可以选择和自己喜欢的人在一起,而不必考虑家族的利益与不喜欢的人联姻;他们如果有选择权,就可以选择放下自己已经拥有的一切,去过闲云野鹤的生活,而不必担心家族的生意无人打理。热播电视剧《周生如故》讲述了小南辰王和崔家独女时宜的虐恋,成了很多观众的"意难平"。小南辰王虽然手握重兵,却有自己不能做的事情,崔家独女时宜虽然大富大贵,比一般女孩的命运好得多,却没有选择自己婚姻的自由。这样的阴差阳错,再加上封建社会当权者的愚弄,他们彼此深爱却不能言明,最终遗憾地错过了。从这个意义上来说,没有选择的权力和自由,就没有真正的幸福可言。

如果从选择的角度来说,相信不管是小南辰王还是崔家时宜,都想要摆脱他们的身份禁锢,就像普普通通的老百姓一样,哪怕承受生活的磨砺和挫折,也要拥有选择与心爱之人在一起的自由。遗憾的是,封建社会的纲常伦理将他们禁锢得死死的,使他们丝毫也动弹不得。

除了要拥有选择外物的自由和权力外,一个真正幸福的人,还要能够选择自己的感受和情绪。看到这里,一定有很多读者都觉得纳闷:情绪和感受都是自然而然发生的,如何能够选择呢？一个没有情绪掌控力，也不能主宰和驾驭自己的人，当然不能做出这样的选择。但是，如果一个人的心智非常成熟，对很多事情富有经验，且有极高的智商和情商，那么他们就会意识到自己应该学会选择情绪和感受。例如，面对同样一件事情，我们是选择愤怒地面对，冲动地做出让自己后悔的举动，还是选择理智冷静地面对，从而在一番权衡之后做出明智的举动呢？当然是后者。只可惜，大多数人都知道自己应该怎么做，却未必能够真正做到。我们需要修炼强大的内心，提升自己的情绪掌控力，才能做得越来越好。

当一个人借助于信息传达出自己的真实意图和情感，那么他就会具备强大的吸引力，也就会对周围的人有积极的影响。从古至今，那些一呼百应的领导者无一不是出类拔萃且明智果决的。反之，迟疑不决、优柔寡断的领导者很难赢得下属的衷心追随，也很难做出自己想要的成就。所以要想成为领导者，要想具备领导力和影响力，我们就要先培养自己的选择力。在让自己变得越来越优秀的过程中，我们还会拥有更多的选择机会，从而让自己在选择时更加从容，更加游刃有余。

对所有人而言，必然有一些事情是让他们感到开心的，或者是感到沮丧的。对整个人生而言，感受从来不是纯粹和单一的，而是喜忧参半的。我们不妨问问自己，在一年之中，我们有多少天是兴致高昂的，又有多少天是灰心丧气的；有多少天是满怀希望的，又有多少天是沮丧绝望的；有多少天是和颜悦色的，又有多少天是愁眉不展的。当回答了这些问题，我们就会发现人生半是蜜糖，半是忧伤。需要注意的是，这并非绝对的一半一半的关系，而只是说人的感受是复杂的。

说起选择，任何选择都可能产生两种结果，一种结果是尽如人意，让我们如愿以偿；另一种结果是事与愿违，让我们满心遗憾。其实，只要修炼出足够强大的内心，哪怕面对的结果不是自己所期望的，我们也可以在承受失败打击的过程中积累经验，吸取教训，这正是我们未来继续努力攀升的阶梯。

很多人都看过《当幸福来敲门》这部电影。这部电影的主角是威尔·史密斯。在观看这部电影之后，大多数观众都会被主角乐观坚忍的精神所感动，也会对他的幸福感同身受。这部电影告诉我们，即使看似身陷绝境，只要永不放弃，就会发生奇迹。

幸福的感受是很容易获得的，在三伏天喝一杯酷爽的冰饮，在三九天靠着温暖的壁炉取暖，在心情烦躁的时候吃一顿热气蒸腾的火锅，在郁郁寡欢的时候吃一盒巧克力熔岩蛋糕。在漫长的人生旅途中，每个人都有权力追求幸福，也有自由选择属于自己的人生。幸福往往就在我们触手可及的地方，我们却因为自己所选择的感受和情绪而远离幸福。所以不要再抱怨幸福遥不可及，而是要当机立断抓住手边和眼前的幸福。越是简单，越是富足；越是果断，越是勇敢。从现在开始，每个人都要决定幸福，并且以此改变自己的人生！

◯ 影响力思维

自信，是力量的源泉

对每个人而言，自信都是力量的源泉。一个人如果缺乏自信，那么在面对很多事情的时候就无法激发自身的潜能，更无法爆发强大的力量。有的时候，面对那些有一定难度的事情或者是艰巨的任务，缺乏自信的人还会情不自禁地打起退堂鼓。可见，不管做什么事情，都要以自信作为动力。拥有自信的人，面对困难能够鼓起勇气迎难而上，面对那些不如意的事情也能想到这是人生中的常态，从而全力以赴地应对，面对那些得意的境遇更是会再接再厉、砥砺前行。古往今来，大多数成功者都有自己成功的理由，他们也有共同点，即自信。

只有自信，才能帮助我们达到最佳的状态；只有自信，才能让我们对人生充满希望。在竞争激烈的职场上，缺乏自信的人对待任何事情都提不起兴致；充满自信的人则不但能够做好自己的本职工作，还能够做好自己的分外之事。其实，在本职工作和分外之事之间根本没有明显的界线，那些能够激发自己的力量做好所有事情的人，才能做好充分的准备，抓住各种千载难逢的好机会。

自信者不仅在职场上充满光辉，在运动场上，自信的运动员也非常耀眼夺目。基于这一点，所有人都应关注自己的心理状态，让自己满怀自信地面对生活，面对未来。越是在遇到艰难坎坷的时候，越是要鼓起信心和勇气，绝不轻言放弃。常言道，笑到最后的人才是笑得最好的人，正是这个道理。那些笑到最后的人，恰恰是能够坚持到最后的人，如此才能全力以赴奔向未来。

那么，自信的人有哪些表现呢？他们总是面带微笑，微笑是一个人最美丽的表情，微笑也能瞬间拉近自己与他人之间的距离，使自己更受欢迎；他们总是充满力量，所以在做很多事情的时候能够如愿以偿地获得成功；他们总是能够爬到更高的地方极目远眺，让自己看得更远，拥有更长远的目光和更远大的格局；他们总是充满勇气，不惧怕追求任何事情，也甘愿为此承受更大的风险。换言之，他们与风险之间建立了更为积极的关系，达成了某种默契；他们总是很积极乐观，不但愿意带着辩证的观点分析事情的不同结果和自己的不同处境，也会自觉地进行深入思考，从而积极地寻求各种办法解决难题；他们总是具有很强的承受能力，不会轻易被挫折打败，越挫越勇，不达目的决不放弃；他们总是珍惜和充分利用时间，因为

○ 影响力思维

未雨绸缪，所以不会被时间追赶，而是会提前规划好时间，按照事情的轻重缓急去做；他们总是很从容，即使面对突发的情况或者意外事故，也很少会出现应激反应，而是会启动预案，镇定应对……总而言之，自信是一种强大的力量，帮助自信的人更加从容不迫地应对成长过程中出现的各种情况，也给予他们更多的选择空间和发展自由。反之，这些表现又会增强我们的自信，使我们进入良性循环之中，越是自信越是表现良好，越是表现良好就越是自信从容。

看到这里，也许很多读者朋友会感到疑惑：如果没有上述这些明显的自信特征，该如何判定自己不自信呢？不可否认的是，的确有些人时而自信，时而不自信的状态，这就需要我们了解不自信的特征，先改掉这些不自信的行为表现，继而才能努力加入自信者的阵营。通常情况下，缺乏自信的人面对难题或者处在不好的境遇时，往往会不自觉地皱眉，一副愁眉苦脸的模样；在面对困难和挑战的时候，他们不会毫不迟疑地给自己打气，而是会怀疑自己，认为自己能力欠缺，无法完成这些艰巨的任务；不管是在站立还是坐着的状态下，他们都会弯腰驼背，表现出一种慵懒懈怠的状态；他们不懂得珍惜时间，换言之，他们拖延成性，其实他们是在以拖延的方式消极抵抗……除此之外，缺乏自信的人还总是不能自控地设想最糟糕的结果，因而陷入沮丧消极的情绪中无法自拔；会因为胡思乱想而无法保持专注，因而错误百出；在面对挫折时，还很容易因为受到打击而一蹶不振。这些都是缺乏自信的典型表现。当发现自己有类似的表现时，一定要积极地改变。一直以来，人们都认为要先改变心态，再改变行为，事实证明先改变行为，心态也会随之改变。

对任何人而言，一旦处于不自信的状态，就会在不知不觉间出现相应的行为表现；而如果处于积极自信的状态中，就能够做出积极主动的行为。任何人要想充满自信，就要随时随地反观自己的行为，对自己进行反思，进行复盘。正如一位伟人所说的，千里之堤，溃于蚁穴。哪怕此刻我们自认为充满自信，如果出现了上述不自信的行为表现，也切勿掉以轻心。只有及时地修补和巩固自信的堤坝，我们才能以更好的状态投入生活和工作之中，也才能以心灵的养料滋养自信的大树，让自信之树扎根深稳，枝繁叶茂，不断壮大，从而成为参天大树。

为了保持较高的自信水平，我们应该经常反思自身，有意识地给自己加油鼓劲。人是很容易自信滑坡的，这是因为，不管是琐碎的生活还是面对繁重的工作，都会消耗自信，使得自信从较高状态进入较低状态。当意识到自信水平较低时，就要及时地进行自我激励，提升自信水平。需要注意的是，必须是经过慎重思考的有意识活动，才能起到预期的效果。在感到疲惫或者沮丧时，也要适时地鼓励自己，例如奖励自己美味的甜点，给自己每一个小礼物，这些都有助于调整情绪状态，也有助于我们保持良好的自信水平。

在人际交往的过程中，还要有意识地与那些积极乐观的人相处，从他们身上汲取力量。人是很容易受到他人影响的，如果我们身边都是消极悲观的人，总是向我们传递负能量，那么我们在不知不觉间也会变得悲观起来。反之，如果我们的朋友总能以乐观的心态看待问题，即使遇到坎坷挫折也不会轻易放弃，就会在无形中影响我们，增强我们的韧性，让我们笑到最后。

从思想到行动

对成年人而言，做自己喜欢的工作，心甘情愿地投入所有的精力和热情在其中，无疑是一件非常幸福的事情。不管这期间遇到多少难题，我们都会无怨无悔地应对，全力以赴地解决，从来不会想到放弃。反之，如果做的是自己不喜欢的事情，那么我们的热情就会大大降低，甚至认为做这件事情是一种煎熬。这使我们不愿意将时间和精力投入其中，在做的过程中也不会全神贯注，很难全身心投入。长此以往，我们就会越来越懈怠，对工作怀着当一天和尚撞一天钟、敷衍了事的态度。可想而知，这往往使得工作无以为继。要想改变这样的局面，我们可以改变自己的心态，让自己渐渐地产生兴趣和热情；或者重新选择一份发自内心喜欢和热爱的工作，自然而然地调动出对工作的积极性。

对很多人而言，后面这种选择显然是更加容易的，只需要换一份工作就有可能实现。当然，如果找不到自己喜欢的工作，那么也可能继续前面的错误，继续无奈地工作。实际

○ 影响力思维

上，如果不是特别讨厌某一份工作，而是因为自己的主观原因对工作爱不起来，那么不如选择前一种方案。毕竟在社会上，很少有人幸运地以兴趣爱好为工作，也只有极少数人能够从事自己所学专业的对口工作。既然很难改变现状，或者即使鼓足勇气改变现状也很难达到预期的结果，那么不如尝试着改变自己的心态，选择尊重自己的感受。很少有人能意识到自己是有权利选择感受的。在现实生活中，不同的人扮演着不同的角色，其中有些人心不甘情不愿地被要求扮演某种角色，或者承担某种角色。那么是选择愁眉苦脸地应对，还是选择乐观地应对呢？选择感受，是每个人的终极自由。

每个人的感受力、创造力、承受力、潜能和效率都是不同的，这就直接决定了每个人对事物的感受是不同的。既然如此，我们为何要被动地产生感受，而不主动地选择感受呢？对每个人来说，每一个有意识的决定，以及每一个向外部世界传达自身能量的意图，都决定了自身的影响力形成。这充分说明，每个人都可以准确清晰地阐述自己的目标，也可以自主地选择给他人留下怎样的印象。

在现实中，人人都愿意选我所爱，却很少有人能够做到爱我所选。从思想到行动，也可以完全逆转过来，先转变行动，再改变思想。这意味着，我们既可以转变态度热爱自己所做的事情，从而全身心投入，也可以改变行为，从而切实做到全力投入自己所做的事情，继而深刻认识到这件事情的意义和价值，也更加热爱这件事情。

每一个人都要学会评估自己的意图，也要抓住评估意图的最佳时机。做自己喜欢的事情，我们也许会得心应手，也许会面对各种困难，我们都要初心不改，依然满怀热爱。热爱自己所做的事情，我们才能全力投入，发现这些事情的重要性，继而坚持做得更好。从某种意义上来说，如果能够把这两者结合起来，使它们相辅相成，互相促进，那么就会取得更好的结果。哪怕不能幸运地做自己喜欢做的事情，也要全心全意对待自己正在做的事情。唯有如此，我们才能在做事情的过程中有所成就，获得满足。否则，我们只会自怨自怜，在毫无意义的抱怨中更加萎靡不振。

那么，作为职场人士，对于自己不那么喜欢的工作，又该如何对待呢？如果对工作发自内心地排斥和抵触，最好换一份自己喜欢的工作，或者换一份自己能够喜欢得起来的工作。如果并不特别讨厌和抵触工作，只是缺乏热爱，那么应该尝试着找到合适的方式真正接纳和热爱这份工作，唯有如此，你才能在工作上有所成就，获得满足感。当然，无论是讨厌还是喜欢一份工作都是有自身原因的。既然每个人都是世界上独特的存在，对于工作有个人喜好也就是可以理解的。需要注意的是，没有人能够真正做到万事如意。正所谓人生不如意十之八九，在生命的漫长旅程中，每个人既会遇到自己喜欢的人，也会遇到自己讨厌的人，既会从事自己喜欢的工作，也有可能不得不面对自己不喜欢的工作。重点在于，我们要学会选择自己的态度，坚持从思想到行为的转变。如果一时之间在思想上转不过弯来，那么不如先改变自己的行为，渐渐地思想也会发生改变。举例而言，一个人心情不好，如果任由自己愁眉苦脸，那么心情只会变得越来越糟糕，也会生出很多消极沮丧的想法，无法振奋精神从容应对很多情况。在这种情况下，假装高兴能够有效地改善心情。首先，要从思想上认识到自己应该提振精神；其次，可以做一些能够让自己放松和开心的事情，例如逛街、购物、阅读、唱歌、远足等，也可以对着镜子里的自己微笑；最后，坚持做让自己开心的举动，渐渐地，心情就会好转。

当然，一个人的力量是有限的。哪怕是面对自己喜欢做的事情，我们也很难只凭着一己之力就如愿以偿地获得成功，更何况是面对那些并非自己真心热爱的事情呢？现代社会注重分工与合作，这就要求我们既要主动地寻求合作，也可以把专业的问题交给专业的人去解决，而把自己的时间和精力投入于更愿意做的事情中。这对于激发我们做事情的兴趣，调动我们做事情的热情，都是极其有好处的。总之，选我所爱是幸福，爱我所选是明智。坚持这两点，我们就会激发自己的潜能，让自己在生活和工作中有更出色的表现，形成更强大的影响力。

○ 影响力思维

007的魅力

很多人都喜欢看"007"系列电影,尤其喜欢独具魅力的"邦德先生"。和很多好莱坞大片中男主角的粗糙硬汉形象截然不同,邦德先生有着极高的衣着品位。最重要的是,他能够充分利用衣着的魅力,为自己增添魅力。虽然我们只是普通人,不可能成为影视剧里的邦德先生,但是我们却可以学习邦德先生考究的服装搭配,提升自己对服装质地、款式等方面的欣赏水平。因为所有人都可以通过着装来表现自己的自信、勇气、能力等。心理学领域的第一印象定律还告诉我们第一印象是很重要的,而第一印象的一个重要决定因素就是着装。尤其是在商场中,着装更是每个人的外包装,影响着每个人呈现给他人的第一印象。作为职场精英,一定要以精明干练、大方得体、质地优良的着装为自己加分,切勿穿着邋里邋遢,这样会使自己的形象大打折扣。当然,这并非意味着在一切场合中都要盛装出席,如果是参加朋友的私下聚会,甚至是主题聚会,那么就要穿着宽松随意、符合主题的服装。如果是正式场合，那么就要根据不同的场景选择最合适得体的服装。

时代发展至今，在今天的中国，女性在出席重要的场合时可选择的得体着装很多，款式也非常多样。相比女性的服装，男性的服装样式则很少，正装主要是以西装和传统的中山装为主。如果携女伴出席重要场合，不但要根据自己的喜好选择着装，还要注意与女伴的服装相得益彰。

在西方国家，对于服装的要求更是有着悠久的历史。例如，在英国、法国等很多国家的传统中，贵族们总是穿着繁复的服装，以彰显自己的身份和地位。当然，也有少部分国家成立不久，没有悠久的历史，也没有关于服装的繁文缛节，所以崇尚自由舒适的风格，典型代表就是美国的习俗。

在现代社会中，每个人都要更加看重自己的着装，在必要的情况下精心选择得体的服装。在有财力的情况下，最好不要选择那些质地欠佳的服装，而是要选择质地优良的服装，哪怕需要为此付出更多的金钱，这些服装也是值得拥有的。在参加各种形式的活动之前，要先了解活动的主题，以及活动对于着装的要求，这样才能穿着合适的服装出席活动。如果你已经做好了参加活动的充分准备，最终却因为着装不合格而被拒之门外，那可太糟糕了。

很多人都没有意识到自己与服装之间有着情感连接。

◎ 影响力思维

其实，服装的品牌、款式、质地，以及舒适度和实用性，等等，都会在不同程度上影响我们的外在表现和内在情绪。虽然每个人都应该自信，但是现实生活中缺乏自信的人比比皆是。为了提升自信，除了要有意识地鼓励和赞赏自己外，我们还可以通过提升对服装的品位，穿着得体的服装的方式，提升自己的整体着装水平，让自己充满自信。

虽然我们的确不应该以着装去草率地给他人下定义，但是即便我们真正能够做到对所有人一视同仁，也不能避免他人以着装作为标准对自己进行评判。通常情况下，陌生人之间见面只需要短短几秒的时间就会对彼此做出评判，这就是第一印象定律。而第一印象一旦形成，又是很难改变的。既然如此，我们为何不挑选最适合自己的服装，努力给他人留下良好的印象呢？这对于我们建立人际关系，发展人脉资源，都是大有裨益的。

那么，为了让服装得体，给他人留下好印象，我们在选择服装时应该关注哪些因素呢？第一个因素是色彩，第二个因素是款式，第三个因素是面料。毫无疑问，当大块的色彩进入眼帘，我们一定会给他人留下深刻的印象。所以对一切服装而言，色彩必然先于款式和面料进入他人的视野。色彩之后，是款式。对于款式，每个人都有属于自己的偏好，有的人性格内敛，喜欢简约大方的款式；有的人性格张扬，喜欢繁复猎奇的款式。如今，服装的款式更是多种多样，有淑女风、运动风、商务风、休闲风等不同的风格。每个人都可以根据自己的性格喜好，以及自己将要出席的场合做出选择。在选择了颜色、款式之后，一定要慎重选择面料。其实，颜色、款式和面料既是独立的因素，也是综合因素。对一件衣服而言，既要把这三个因素分开来独立看待，也要把这三个因素结合起来综合看待，在权衡这三个因素之后做出的选择，才是最优选择。对同样颜色和款式的服装而言，如果质地不同，给人的感觉就是大不相同。例如，西装需要选择笔挺的面料，才能有款有型；运动服饰则应选择纯棉舒适的面料。如果把西装的面料与运动服饰的面料颠倒过来，那么效果不但大打折扣，还会显得不伦不类，实用性也大大降低。

如今，市面上有很多款式、各种颜色的服装，而且面料也各有不同。在选择时，要考虑穿着目的和出席的场合。举例来说，尽管羊毛外套看起来非常挺括，质地良好，但是羊毛外套有很强的保暖性，适合在寒冷的室外穿着。如果在温暖的环境中穿着羊毛外套，则会感到浑身燥热，甚至感到闷热。由此一来，穿着羊毛外套就无法起到正面的作用，反而会弄巧成拙。再如，朋友们私下聚会要穿着舒适休闲的衣服。如果大家

○ 影响力思维

都穿着随意，唯独你穿着高档定制西服，那么你就会显得格格不入，无法和朋友们打成一片，说不定朋友们还会故意疏远你呢！总而言之，在选择得体的服装时，既要考虑个人喜好，也要考虑综合因素。我们没有第二次机会纠正给他人留下的第一印象，所以在选择服装的时候，一定要以得体、合身、协调为主。

服装的颜色

前文说过,服装的颜色作为大面积的色彩,会先于服装的款式和质地进入他人的视野。对于外表影响力而言,服装的颜色是重要的因素,只可惜大多数人都没有意识到这一点。如今,随着社会的发展,人的观念越来越开放,在选择服装颜色的时候也更加大胆,更想要进行创新和颠覆性的尝试。对很多大明星或者是富豪而言,要想打造自己的完美形象,完全可以花费重金聘请专业的形象团队,把自己的形象设计完全交给专业团队去负责和管理。但是作为普通人,显然没有雄厚的财力聘请形象团队,那么就要了解色彩学,同时要更加深入地了解自己,这样才能穿着合适色彩的服装,为自己的完美形象加分。

那么,从哪些方面着手进行考虑和选择,才能保证自己所选的颜色是正确的呢?首先,要以肤色作为标准匹配颜色。世界上有白种人、黑种人和黄种人,显然,不同肤色的人适合穿着不同的颜色。即使作为黄种人,肤色也有偏白、偏黑和偏黄的区别，更加专业的皮肤顾问能够把肤色进行更加细致的划分。除此之外，服装的颜色所产生的影响有可能更加深入。观察认真的朋友们会发现，在西方国家，很多政客都愿意花费重金，购买海军蓝套装，打造自己的权威形象。这一则是因为警察制服就是海军蓝色的，二则是因为海军蓝色本身就具有强大的力量。

那些精通色彩学或者是长期和服装打交道的人认为，要想与他人之间建立良好的关系，要想告诉他人坏消息，不妨穿着中灰色衣服。这是因为中灰色是一种非常柔和的颜色，会使我们看上去和善可亲，平易近人。相比起中灰色，深炭色则显得更加厚重，也给人以严肃、刻板、不近人情的感觉。所以如果不是刻意地要维持自己高高在上的形象，慎重选择炭灰色衣服。

当然，每个人在生活中都扮演着不同的角色，有些人在公司里是管理者、是领导，到了生活中就是风趣幽默的丈夫，是贴心的孩子，是值得尊敬的兄长。为了让自己不再以职业形象示人，也为了让自己看起来更加年轻，更加充满活力、充满趣味，可以选择蓝色系的服装。一般情况下，浅蓝色是更具有活力的，也会给人留下清新的印象；深蓝色则显得庄重。除此之外，还有灰蓝色、雾霾蓝等各种深浅不同的蓝色，都是可以自由选择和搭配的。

第04章 释放影响力，表达需求力

每个人都会受到服装的影响，从而产生不同的感受，做出不同的行为，形成不同的观点。只要巧妙地选择与合理地运用不同的颜色，我们就能够细致入微地打造自身的形象，从而获得更多的机会。不仅如此，服装还能表达我们的内心世界，展现出我们的性格、对于未来的希望和憧憬。要想通过服装来充分地表达自身，我们未必需要投入大量的金钱，这是因为服装的语言固然与投入金钱的多少有关，也与我们对于服装的审美有关。如果我们在每个方面都做得很好，那么就能如愿以偿地让服装成为打造影响力的重要因素，使其发挥更加强大的作用。

对于服装颜色的选择是多样化的，再辅之以服装的款式和质地，就能使我们的选择更加丰富。每个人都应该成为优秀的服装搭配师，这样才能根据自身的实际情况做出选择，搭配出最能衬托自身气质的成套服装。需要注意的是，哪怕是领导或者是老板，也无须总是穿着蓝色或者灰色的衣服。一个人不能时时刻刻都取悦他人，也不要为了迎合他人就丢掉自己的喜好。每个人都可以根据自身的生活和工作情况，选择最适合自己的衣服，当精心搭配的服装充实了衣柜，那么不管穿着哪一身衣服，我们都会给他人留下良好的印象，也能够顺利地与他人建立关系，和谐融洽地相处。

● 影响力思维

　　我们要想形成影响力、发挥影响力，就不要吝啬时间和精力对自己精心装扮。俗话说，人靠衣裳马靠鞍。既然如此，我们就要从颜色着手，打造自己的全新形象。那么，你最喜欢什么颜色？你又最适合穿着哪种颜色呢？如果不能很好地回答这个问题，不妨征求身边其他人的意见，相信我们能够做出正确的判断。

　　通常情况下，红色代表热烈奔放，很多性格开朗、做事情满怀热情的人都青睐红色；黄色代表着温暖，喜欢黄色的人很善良，没有不好的心思，内心充满着阳光；蓝色代表了冷静，也代表着活力，喜欢蓝色的人很理性，因为蓝色本身就是一种冷色调；绿色代表着希望，喜欢绿色的人内心平和，处理很多事情都很宽容，心态稳定；黑色则有些神秘，喜欢黑色的人不太喜欢与人亲密相处，常常会独处思考一些问题，在行为方式上也很独特……当然这不是绝对的。总之，不同的颜色有不同的语言，颜色除了本身的语言外，还因为每个人的不同特点而呈现各异。我们要想打造自身的影响力，就要先成为色彩专家，给自己选定最合适的颜色哦！

第05章

发挥影响力，打造拥护力

从古至今，所有成就大事者都拥有强大的影响力，所以才能做到一呼百应，获得众人的追随和支持。任何时候，即使一个人能力再强，也不可能仅凭一己之力就完成伟大的事业。每个人都要像一滴水融入大海一样，融入团队之中，集合团队中所有人的力量，才能大有所成。

保持界限

人与人之间要有界限感。在西方国家里,人们的边界感很强,有些国家的人甚至不愿意他人距离自己太近,所以他们排队的时候也会自觉地保持着人与人之间至少一米的距离。而在有些国家里,人与人之间的边界感则比较弱,排队的时候挨挨挤挤也不会觉得被侵犯。这就是因为边界感不同导致的。

不管边界感是否有区别,保持界限都是很有必要的。每个人都是世界上独特的生命个体,是区别于其他任何生命个体的。既然如此,我们就要保持自己的边界感,在此过程中,也要尊重他人的界限,从而与他人友好和谐地相处。在人际交往中,保持界限是交往必须达到的一个重要标准,缺乏边界感的交往会使人感到紧张、焦虑,甚至因此而沮丧、厌烦。界限不仅体现在物理距离上,更体现在心理距离上。和物理意义上的超越界限相比,心理意义上的超越界限会带来更加严重的后果。举例来说,很多夫妻之间经常吵架,不是因为曾经的爱情被消耗光了,而是因为他们在捍卫自己的界限。要想在同一个

○ 影响力思维

屋檐下保持良好的相处状态，夫妻之间就该像是地球和月亮的关系，时而因为离得过近或者过远而产生变化，却始终不会运行到同一个轨道上导致碰撞事件发生。如今，很多年轻人在组建家庭的时候都会说明自己希望得到尊重，重视各自的隐私，有自由的小空间，这就是对于界限的保护。

在很多家庭里，父母习惯于对孩子的生活全权包办，却忽略了随着孩子不断地成长，他们变得越来越渴望自由。在小时候，孩子需要父母无微不至的照顾和全心全意的庇护，才能健康成长；在成长的过程中，孩子渐渐觉察到自我的存在，产生自我意识，因而不愿意再对父母言听计从，更不愿意成为父母的木偶。明智的父母会跟随孩子成长的脚步，与时俱进地改变教育孩子的方式，从照顾孩子到陪伴孩子，从控制孩子到对孩子放手。遗憾的是，大多数父母都没有意识到这一点，更是很难做到这一点。正因如此，才有人说，不是孩子离不开父母，而是父母离不开孩子。在对孩子的依赖中，父母不能很好地把握与孩子之间的界限，为此常常与孩子产生摩擦，或者爆发冲突。

和成人一样，孩子一旦感觉到自己与父母之间没有形成界限，或者父母打着爱的旗号触碰甚至跨越与他们的界限，他们就会感到很沮丧，原本就渴望快快长大的内心会变得更加抗拒父母。这种现象在青春期孩子与父母之间尤为明显。反之，那些不叛逆的青春期孩子，那些能够与父母友好相处的孩子，一定是被尊重和理解的，他们一定有着界限感强的父母。

人与人之间的关系，即使亲近如同父母与孩子，也需要保持界限。可见，其他类型的人际关系更是要以把握界限为原则，以不越界为底线。在职场上，那些界限感差的人与同事的相处往往会出现各种问题，那些界限感好的人则能与同事保持适度的距离。每个人都应该学会建立界限感，才能建立良好的人际关系。

有一个故事，讲的是刺猬之间互相依偎着取暖的事情。在寒冷的冬日里，几只刺猬冻得瑟瑟发抖，忍不住彼此靠近，想要互相取暖。然而，它们因为距离太近，所以马上就被对方身上的刺扎得很疼，当即远远离开彼此。不一会儿，寒冷的感觉再次侵袭它们，它们只得又一次靠近。毫无疑问，它们又被对方扎到，当即远离。在这样反反复复不断试探的过程中，它们终于找到了合适的距离，既能够以体温相互取暖，又不至于因为离得太近而将彼此扎得生疼。这就是确定界限的过程，很生动，很形象，也很传神。我们要向刺猬学习，尊重自己也尊重他人，并且与自己的界限进行沟通，通过反复尝试最终确定自己与他人的界限。

一切形式的组织机构中都有界限，例如家庭、团队等。在组织机构内部，所有团队成员都要接受界限的存在，致力于一起建立边界。一旦觉察到界限变得模糊，就要通过积极沟通等方式进行协商，合理地安排工作，从而实现高效的合作。随着各种情况的变化，界限也会发生相应的变化。需要注意的是，这样的变化是随着事情发展而发生的，并不意味着界限是可以任意更改的。界限要明确、要固定，也要被所有人尊重和遵守。

不管是在生活中还是在工作中，界限越是明晰，人与人之间的相处越是简单愉快。反之，界限越是模糊不清，人与人之间的相处越是艰难。当需要重新界定界限时，面对他人的试探，我们要坚定捍卫自己已有的界限。人类的天性就是试探，通过不同方式进行尝试，从而扩大自己的自由领地。有的时候，我们会试探他人的界限以获取更多的自由；有的时候，我们会被他人试探界限，我们要坚定捍卫自己的界限。有明确界限的人，不会把工作上的烦恼带回家里，也不会让个人的私事和感情干扰工作。那些在各自领域有所成就的精英人士，通常都是有着明确界限感的，他们知道自己想要在工作上达到怎样的目标，也知道自己想要拥有怎样的生活。

明确的界限将会使我们受益无穷,从现在开始,让我们明确界限,也坚守界限吧!只有守住界限,我们才能捍卫自己的原则和底线,形成影响力,发挥影响力的强大作用!

勇敢承诺

在诚信社会中,对所有人而言信誉都是很重要的。尤其是在职场上,在商海中,信誉更是个人和企业的生存与立足之本。随着信誉体系的不断完善,很多失信人都受到了相应的制裁,也在生活上遇到了前所未有的困难。可以说,没有信誉在当今时代简直寸步难行。正因如此,很多人为了避免被指责不守承诺,因而不敢做出承诺;很多企业为了避免被消费者维权,因此尽量减少承诺。然而,如今的商业领域中并没有那么多的秘密,尤其是在很多行业内部,不同企业的核心技术都是相差无几的。那么,企业凭着什么从同行业竞争中脱颖而出,吸引消费者的关注,赢得消费者的信任呢?那就是承诺,就是服务,就是信誉。

很多消费者在购买电冰箱或者冰柜的时候,都会选择购买海尔品牌的产品,这是因为海尔的服务好,深受消费者信赖。也正是凭着对服务的承诺,以及优质的服务,海尔才能从诸多同类品牌中脱颖而出。很多消费者在购买空调时都会优先选择格力空调，这不仅仅是因为相信"好空调格力造"的广告词，更是因为他们切身感受到了格力空调的高品质。近几年来，格力空调还把六年质保期更改为十年质保期。仅仅是这个承诺，就是其他绝大多数空调制造企业望尘莫及的。从这个质保承诺中不难看出，格力空调对于自身产品的质量是绝对有信心的。这就是一种敢于承诺的表现，格力的底气来自产品的过硬质量，也来自企业的优质服务。格力仅仅用这一个举动就能获得无数消费者的信任，大大提升了产品的销量。

不管是作为组织机构，还是作为生命个体，要想得到他人的信任，就要在高信任的环境中运作。个人可以通过改变自己的行为，企业可以通过树立自己的品牌，来获得他人的信任。一个有信誉的人不管走到哪里，本身就是自己的活字招牌，做事情也能得到他人的鼎力相助。一家有信誉的企业要爱惜自己的名誉，维护自己的信誉，因为信誉本身就是企业最重要的无形资产。当然，不当的言行，也会降低个人和企业的信誉。既然如此，个人和企业就要如同爱护自己的眼睛一样爱护自己的信誉，坚决不做损耗自身信誉的事情，致力于做提升自身信誉度的事情。

此外，信誉还与影响力息息相关。不管是个人还是企业，要想打造自身的影响力，就必须致力于提升自身的信

○ 影响力思维

誉。当建立了信誉，自然而然就能形成影响力。人要有责任心，不要因为害怕承担责任，就不愿意做出承诺。其实，只要做到言必出行必果，就能够增强影响力。

战国时期，和中原的各个国家相比，秦国不管是在政治方面，还是在经济和文化等各方面都非常落后。

公元前361年，秦孝公即位。秦孝公立志于改变秦国落后的面貌，广纳贤才。他昭告天下，只要有人能够献计，让秦国变得强大，他就会给予这个人高官厚禄。很快，大家都知道了这个消息，不仅秦国人积极地为秦孝公出谋划策，就连其他国家的有才之士也想要投靠秦国，建功立业。

商鞅是魏国人，此前投靠在魏国宰相公叔座的门下，深得公叔座重用。临终前，公叔座向魏惠王大力举荐商鞅，然而，魏惠王并没有重用他。商鞅感到非常失意，得知秦孝公广纳天下贤才的号令后，他只身来到秦国，在宠臣景监的引荐下面见秦孝公。商鞅很清楚自己必须抓住这个机会展现才华和能力，为此他侃侃而谈，把自己治理国家的思路讲解给秦孝公听。他说："任何国家想要发展壮大，变得国富民强，就必须致力于发展农业，还要制定各种规章制度奖励将士，赏罚分明。朝廷必须首先树立威信，才有可能顺利地推进改革。"

第05章　发挥影响力，打造拥护力

商鞅的话令秦孝公感到耳目一新，秦孝公很赏识商鞅，也很认可商鞅的治国理论。然而，当秦孝公把商鞅要推行变法的想法告诉大臣们时，却遭到了大臣们的反对。不仅如此，很多贵族也想方设法地反对和阻挠变法。由于秦孝公刚即位，他很担心因此而导致民心不稳，国家动荡，只能先暂时终止改革。

两年之后，秦孝公已经坐稳了皇位，便让商鞅负责改革。商鞅很清楚改革既然得到了秦孝公的大力支持，那么最大的难题就在于老百姓不信任他，也就不愿意遵照新法令生活。为了树立自己的威信，让老百姓更加信服自己，商鞅命人把一根高达三丈的木头竖在都城的南门。路过南门的老百姓看到平白无故立起一根高大的木头都很纳闷，因而站在木头周围议论纷纷。这个时候，商鞅当众宣布："不管是谁，只要能扛着这根木头走到北门，就能获得五十两赏金。"听到商鞅的话，围观的人都感到难以置信，毕竟虽然木头很高大，但是力气大的人还是能够扛起来的。然而，即使力气大的人也不愿意尝试，因为五十两赏金价值不菲，大家都很担心商鞅作为左庶长能否真的兑现承诺。商鞅再三保证，做出承诺。所谓重赏之下必有勇夫，这个时候，一个人跑过去扛起木头径直走向北门。就在这个人到达北门的时候，商鞅当即命人把五十两赏金交给他。尾随而来的人们看到这个人真的得到了五十两赏金,全都啧啧赞叹,也都知道了商鞅是一个言而有信的人。很快,整个秦国都因为这件事情而轰动了。此后,在商鞅下达改革的各项新法令时,大家全都不敢违抗,而是乖乖执行。因为"立木取信",商鞅顺利地推行了改革。

自从商鞅变法之后,秦国大力发展农业,壮大军事力量。后来,秦国成功地攻占了魏国的西部,占领了魏国的都城安邑。公元前350年,商鞅进行了第二次改革,这次改革的规模很大,触动了贵族集团的利益,引起了激烈斗争。后来,商鞅奉行"太子犯法与庶民同罪",严惩了太子和太子傅。这样的雷厉风行、铁面无情使那些心有怨言的贵族和大臣全都噤声,再也不敢对商鞅变法指手画脚了。正因如此,秦国才能变得越来越强盛。

不管是面对秦孝公,还是面对贵族、大臣,抑或是面对老百姓,商鞅都敢于做出承诺,所以才能大刀阔斧地进行改革。如果商鞅前怕狼,后怕虎,那么他就很难推行变法。当然,商鞅变法成功也离不开秦孝公的大力支持,正是秦孝公的承诺给了商鞅勇气和力量坚持变法。

每个人要想形成影响力,就要勇敢地做出承诺,并且坚持兑现承诺。一个人并不是生而就有威信的，也不是生而就能得到他人信任的。每个人都要坚持做好自己，坚持用实际行动表明自己的勇气和决心，才能有更加出色的表现。从某种意义上来说，赢得他人的信任是对自己的挑战，所以我们要有迎难而上的决心，有坚持到底的毅力，才能最终成为具有影响力的人。

当即行动

在漫长的人生旅途中,每个人都会面对各种各样的选择。这些选择或者无关紧要,或者至关重要,或者关系到人生大事,或者不值一提。面对不同的选择,每个人都会有自己的考量,也会因为各种因素的影响而无法当即做出决定,更不能马上采取行动。这使得我们始终纠结于不同的选项,徘徊在人生的岔路口。有些严重选择困难的人还被称为选择困难症患者,从这个称呼就可以看出他们对于选择的态度,以及做出选择的速度。

然而,很多事情都是需要把握时机的。唯有当机立断,才能把握住绝佳时机,坚持在正确的时间做出正确的选择。如果面对选择不知所措,或者因为迟疑不决而导致选择错误,就会给人留下拖泥带水的糟糕印象,使影响力大打折扣。为了避免这种情况出现,我们需要认真分析影响决策的诸多因素,从而加快决策的速度,提升决策的正确率。通常情况下,影响决策的因素越多,越是要投入大量的时间和精力，才能果断决策。

一般情况下，大多数人在做出决定的同时就已经下定了决心，坚定信心，不再改变自己的决定。然而，也有少数人很难做到这一点，仅从表面看来，他们的确下定了决心，而实际上他们却依然摇摆不定，和墙头草一样不停地改变主意。因此，他们的决策能力堪忧，也会导致拖延情况的出现。为了避免出现这样的情况，可以采取如下的步骤具体操作。

首先，做出决策。在做决策的过程中，我们可以采取以往经过实践验证有效的方法，也可以对不甚完美的方法进行完善和改进。如果对某些方法心存疑虑，那么可以暂时放下决策这件事情，先去做其他事情，以此转移注意力，让自己尽快恢复冷静和理性。你需要在诸多选项中选择一项，然后打定主意不再轻易改变。

其次，把决策写在一张纸上，然后在下面分别列出这项决策有可能带来的好处和坏处。

再次，在之后的时间里，分别填充这项决策的好处和坏处，渐渐地，你会发现这项决策是否明智。

最后，在一段时间内，例如一周或者两周内，每天都在适宜的环境中大声朗读这项决策的好处和坏处，让自己的内心越来越坚定不移。

○ 影响力思维

做好上述四个步骤，我们就能打消心中的疑虑，更加坚定自己的选择，清楚地认识到，自己是出于怎样的心态才做出了这样的决策，从而让自己充满动力，斗志昂扬。

不可否认的是，人人都掌握了很多知识，积累了丰富的人生经验，然而知易行难，知道并不相当于会做，更不意味着能够做好。所有的知识和经验都必须和实践相结合，才能起到最好的作用和最佳的效果。一个人很容易就能成为侃侃而谈的理论家，却很难成为具有实干精神的实践者。在现实生活中，我们知道的事情很多，做到的事情很少，能够坚持做到的事情更是少之又少。例如，人人都知道读书能够改变命运，但是真正求知若渴的人却很少；人人都知道要坚持早起锻炼身体才能收获健康，但是大多数人却都选择赖床，也没有足够的毅力坚持运动；人人都知道要搞好人际关系，却在与人相处的过程中不愿意付出，更不愿意受到任何委屈，这使他们常常与人面红耳赤地争辩，为了一些微不足道的利益斤斤计较……这就是知道与做到的距离。

当然，我们不能被这些可以预见的障碍吓倒，而要坚持立即行动。正如人们常说的，一百次空想也不如一次实干。不管在什么情况下，不管面对什么事情，当机立断地去做，永远都是最好的选择。很多情况下，我们会被想象中的困难吓倒，甚至不敢尝试，不敢想象。如果只是耽于空想，那么我们永远也不可能成功。只有切实去做，我们才会发现事情并不像想象中那么困难，而且随着时间的流逝，事态处于不断的变化之中，想象中的困难未必会真的发生，事情说不定会出乎我们预料的顺利。这些都是需要通过实践去验证和求证的。

人生固然要有梦想，却不能耽于梦想。未雨绸缪与杞人忧天是有着本质不同的。未雨绸缪的目的是预见困难，做好充分的准备应对困难，然后全力以赴朝着最好的目标努力。杞人忧天却是过度思量，因此而束手束脚，担心基本不可能发生的事情。可见，杞人忧天会削弱人的行动力，甚至使人在还没开始尝试之前就选择彻底放弃。而未雨绸缪是明知山有虎，偏向虎山行，是充满勇气的表现。

为了避免因为杞人忧天而导致自己一事无成，我们应该具有当即行动的决断力，即使知道未来会遇到很多困难，也不会因此止步不前，更不会因此而迟疑不决，犹豫不定。

如果说空想不可能有结果，那么行动却是必然有收获。哪怕行动的结果是失败，我们也可以从失败中汲取经验和教训，也能够以此作为失败的阶梯，努力地向着成功的巅峰攀登。只要坚持不懈，只要把梦想付诸行动，我们就有可能实现梦想，创造属于自己的精彩人生。

不可否认的是,安于现状的确能使人感到轻松,因为只需要维持现状就好,而无须改变。然而,勇敢地面对人生中的变数,在认真考量之后捋清思路,积极地做出改变,哪怕面对棘手的情况也毫不退缩,哪怕面对坎坷困境也依然全力以赴地寻求改变,这远远比自欺欺人地安逸享受更好。很多机会是转瞬即逝的,也许只是因为犹豫了片刻,我们就会与一直以来梦寐以求的好机会失之交臂,让自己在懊悔和沮丧中不停地自责,这当然是更糟糕的结果。项羽曾设下鸿门宴,想对刘邦痛下杀手,结果却因为一时仁慈而让刘邦顺利逃脱。最终,项羽自刎乌江。我们可以设想一下,如果当时项羽足够狠心,当机立断地杀死了刘邦,那么历史就会改写。

现实生活中,很多有决断、有魄力的人都是擅长当即下定决心采取行动的。他们一旦打定主意就不会再胡思乱想,更不会轻易地改变自己的决定。他们并不鲁莽,而是会在做决定的同时做好预案,做好方案随时应对突发情况。这样一来,他们就没有了后顾之忧,总是能够当即下定决心,毫不迟疑地采取行动,无怨无悔地面对和承受有可能出现的所有结果。这使他们总是能够抢先于竞争对手展开行动,从而先发制人,占据主动和优势地位。在积极行动的过程中,他们因为实践而积累了丰富的经验,熟悉了事情发展的流程,也历练了自己的能力，使自己足以应对各种情况。最重要的是，当即行动的人能够最大限度提高生产效率，因而获得成就感，获得源源不断的动力，促使自己更加全力以赴地投入各种事情之中。在此过程中，他们表现出大将风度，有统率全军的气魄，也有力挽狂澜的能力，所以很容易赢得他人的信任和拥护。由此一来，事态的发展就进入了良性循环，一方面他们继续发挥自身的能力展开行动，另一方面因为获得了他人的信任和支持，而收获了更好的行动结果。尤其是在团队中，如果领导者或者管理者具有当即行动的决断力，那么整个团队的精神面貌就会焕然一新，表现出蓬勃向上的生机和活力，所有的团队成员也会在领导者或者管理者的带动下提高行动力。总之，当即行动是很重要的，一个人要想形成影响力，提升影响力，就要有当即行动的决心和魄力。

用心倾听

说起沟通，很多人误以为就是说话。为此，在面对沟通对象时，他们常常滔滔不绝，口若悬河。其实，这是对于沟通的极大误解。真正的沟通始于倾听。倾听，是沟通的基础。一个人要想成为优秀的领导者，就要做到善于倾听，乐于倾听。那么，如何才是倾听呢？倾听不仅仅是听他人说话，这是被动的表现。从本质上而言，良好的倾听应该是主动地接收他人传达的信息。在团队中，管理者必须懂得倾听，愿意倾听，才能打开团队成员的心扉，走入团队成员的内心，真正做到凝聚所有的团队成员，带领他们一起成就团队的成功。

倾听，说起来容易，真正想要做到却很难。人人都有好为人师的本性，所以在沟通的过程中，大多数人都迫不及待地想要表达自己的内心，想要把自己的思想和观点灌输给对方。在团队生活中，常常会出现大家你一言我一语，争先恐后说话的现象。只有真正地沉下心来，带着对对方的尊重、理解和体谅，我们才能暂时关闭自己的嘴巴，打开自己的耳朵，一字不落地把对方的话听到自己的心里去。

在职场中,很多管理者都进入了一个误区,即认为管理就是要告诉他人怎么做,是要给他人下命令,安排他人的工作。如果管理只是简单地传达命令,那么人人都能当管理者。遗憾的是,在现实职场中,优秀的管理者少之又少,这与大多数管理者都不懂得倾听是有密切关系的。要想成为优秀的管理者,我们首先要学会有效地倾听。

我们可以把倾听划分为三个层次。

第一个层次,也是最简单且最容易做到的,即听对方说话。实际上,大多数没有专门经过倾听训练的人以为,倾听就是听对方说话,这只是倾听最粗浅的层面。很多情况下,我们看似在认真听对方说话,实际上我们完全心不在焉,而是在开动脑筋思考自己接下来该说些什么。不得不说,这样的听力水平处于最低层次。因为没有做到全神贯注地听,也没有做到用心地听,所以我们很容易误解他人所说的话,或者自以为是地理解成为我们想要理解的意思。误会正是因此而产生的。要想消除误解,避免出现沟通不到位的情况,就要在这个环节里更加用心,更加专注。

第二个层次,专注对方。当我们专注对方,就不会误解对方的话,不会错过对方传达的关键信息。不管对方在说什么，我们最应该关注的就是对方。很多情况下，尽管对方没有以语言明确地表达自己的意思，却用面部表情、肢体动作等无声的语言在诉说自己真实的内心。因而倾听不但要用耳朵，更要用眼睛，更要投入全部的注意力。

第三个层次，真正理解对方的意思。古人云，醉翁之意不在酒，在乎山水之间也。在语言沟通的过程中，有些人会直截了当地表明自己的心意，而有些人则会委婉隐晦地表达自己的内心。如果不能做到真正理解对方的意思，我们就无法觉察对方的言外之意，也就无法感受到对方未形于色的喜怒哀乐。第三个层次是倾听的最高层次，必须在经由前两个层次之后，才有可能达到第三个层次。在到达第三个层次之后，我们不但能够听到对方说话，理解对方想要表达的意思，而且能够深入对方的内心，洞察对方的本心。

在现实生活中，人们常常会因为沟通不到位而无法表达自己的真实想法，甚至误会、曲解对方的真实想法。人与人之间进行交流，主要是以语言沟通的方式进行的，可见说话不但是一种能力，更是一门技术，还是一门艺术。

在人际关系中，倾听的质量与人际关系的亲密程度密切相关，更是会在极大程度上决定沟通的效果。这就决定了，一个人不管他是职员还是管理者，不管是打工仔还是创业者，不管是学生还是老师，不管是下属还是领导，都要积极地学习倾听的技巧，提升自身倾听的能力，才能与他人之间建立良好的关系，产生积极的影响力。

对于沟通，很多人都感到困惑，一则是因为很少有人能够准确地表达自己的心意。二则是因为每个人都会受到主观意识的影响而曲解对方的意思。换言之，每个人看到的世界都是自己内心的折射。同样的道理，每个人听到的意思也是自己的主观选择，而并非完全是对方通过语言传递的内容和意思。在沟通过程中，所有人都面临着这样的挑战。现代社会生活的节奏越来越快，工作的压力越来越大，每个人都如同旋转的陀螺一样忙碌着，像时钟一样片刻不停歇地往前走，每时每刻都在面对着最后的期限。在如此紧张和焦虑的状态下，人们难免会忘却初心，迷失本心，容易以错误的方式表达自己的真实意思，导致对方产生误解。唯有意识到沟通面临的两个巨大挑战，以积极的态度面对这样的挑战，并且想方设法地解决难题，我们才能有效地改善沟通的情况，提升沟通的质量。

人很容易犯主观主义的错误，也会在不知不觉间沉浸于自己的内心世界。越是忙碌，越是焦虑，我们越是对于自己的主观毫无觉察。有的时候，我们误以为他人已经真实地表达了自己的意思,而且他们的意思正如我们所理解的那样,所以我们就会按照他人的语言开展行动,这就会出现"失之毫厘,谬以千里"的情况。有时候,我们自以为自己的理解是正确的,并且以自己的理解为依据开展后续的行动,却在不知不觉间好心办了坏事,甚至伤害了对方,使得人际关系受到严重的损害。

为了避免这种糟糕的情况发生,我们必须通过他人的语言表达,捕捉到他人隐藏的、若有若无的各种信息,这些信息或者是愉悦的,或者是悲伤的,或者是充满希望的,或者是满怀绝望的,或者是微乎其微的,或者是意在言外的。只有提升自己的"听力",摒弃世俗的偏见和主观的偏见,我们才能更加准确地把握和洞察他人的内心。在必要的情况下,我们还要提升自身的知识储备,从而达到与对方同频共振地交流。如果没有听明白对方的意思,那么我们可以在再次倾听之后做出回应,虽然这有些麻烦,但是总比错误地理解对方的意思并且给出错误的回应更好。

总之,世界并不如同我们的眼睛所看到的那样,也未必如同我们的耳朵所听到的那样。秋天来了,看着一片树叶从树枝上掉落,我们要读出秋天到来的信息;冬天来了,看着一片雪花从天空中飘摇而下,我们要读出冬天已经到来,春天不会远了的意味。听到他们微笑着说出"再见",眼睛里却满含泪水,我们要听见他们内心深处的悲伤和不舍;听到他人哽咽着说出"你好啊",嘴角却微微上扬,我们要听见他们心灵中掩饰不住的希望和喜悦。倾听他人,也是倾听自己的内心!

停止抱怨

抱怨,从来不能使任何人变得更加美好,也不能使任何事情朝着我们所期望的方向发展。除了能够暂时发泄情绪外,抱怨没有任何积极的作用和意义,还很有可能使我们错失良机,导致事情变得越来越糟糕。一个人要想变得更加优秀,成为自己所期望的样子,拥有自己一直以来想要的人生,就必须学会不抱怨,坦然从容地面对人生中的各种人和各种事情,才能更加笃定地走好脚下的路,友善地面对身边的所有人。当你停止抱怨,整个世界都会变得熠熠闪光,与众不同。

关于人生,太多人都怀有不切实际的期望,希望人生是十全十美的,希望人生是一帆风顺的,希望自己遇到的每个人都是天使,希望自己任何时候都能心想事成。正是因为把人生想象得太过美好,所以在被人生的真相鞭打时,我们才会无法面对,无法承受。那么,人生的本质到底是什么呢?曾经,有一位记者采访了一位百岁老人。这位老人走过了一个世纪的风风雨雨,有着常人所不能及的人生经历。为此,记者很好奇地询问老人:"走过人生百年,您对人生最深刻的感触是什么?"出乎记者的预料,老人并没有说那些豪言壮语,而是淡然地说:"熬。"记者惊讶极了,脸上写满了不理解,老人解释说:"不管面对什么事情,只要熬过去,就能真的过去。"记者恍然大悟,这才知道简简单单的一个"熬"字蕴藏着多么丰富的人生智慧。

这个世界上有很多人,每个人都是独特的存在,每个人的人生都是与众不同的。然而,无论是谁的人生都不可能真正顺遂如意,哪怕表面看起来光鲜亮丽,背地里也有不为人知的辛酸和艰难。正如张爱玲所说的,生活是一袭华美的袍子,里面爬满了虱子。外人只是羡慕我们的袍子那么华美,我们却能时刻感知到虱子的存在。对于人生的不如意,有人怨声载道,恨不得重来一遍,按照自己的心意书写人生。残酷的现实却告诉我们,哪怕一个人真的有机会重新书写人生,人生也不可能完美无瑕。既然如此,就不要再抱怨人生的不足了,要像接受自己一样接受人生,我们才能避免抱怨,不再与自己较劲。

有人说,人生来就是受苦的。这句话尽管带着浓厚的悲观主义色彩,却为我们揭露了人生的真相。人生,是苦中掺杂着乐,是酸涩中带着甜蜜,是阴沉中还有一抹亮色。在不为人知的黑夜,有多少人默默流泪到天明,又有多少人辗转反侧始终不能成眠。人人都想要获得幸福的人生,但大家对于幸福的理解却是截然不同的。有人认为事业有成是幸福,有人认为富可敌国是幸福,有人认为"有情饮水饱",守着心爱的人就是幸福,有人认为朋友相伴是幸福。一千个人眼中就有一千个哈姆雷特,一千个人眼中就有一千种幸福。归根结底,幸福是一种主观的感受,是每个人对于人生的理解和满意的程度。一个人不可能随便复制他人的幸福,一个人的幸福也不会被他人无端地偷走。既然如此,我们与其抱怨人生不如意十之八九,不如多多想一想命运对于自己的馈赠和善待,这样才能更深入地感受到幸福。

要想做到不抱怨,我们还要拥有敏感的心灵,捕捉生活中随处可见的小确幸。例如,幼儿园的孩子给妈妈做了一朵小红花,妈妈的内心充满了幸福;工作上实现了一个短期目标,奖励自己一个甜品,突然觉得巧克力在口腔中融化的刹那满心都是幸福;联系上了十几年前的老同学,彼此之间没有任何隔阂,还能毫无芥蒂地交流,也是幸福……一位名人曾经说过,世界上并不缺少美,缺少的是发现美的眼睛;我们也要说,生活中并不缺少幸福,缺少的只是感受幸福的心灵。真正的幸福源于我们的内心,当我们从本质上变成一个幸福的人,那么我们目之所及、心之所向皆为幸福。

第05章 发挥影响力，打造拥护力

细心的朋友会发现，抱怨是幸福的天敌。当一个人习惯于抱怨，对于生活中的所有人和事情都感到不满意，总是想以抱怨的方式改变现状，那么等待他的必然是更大的失望。例如在婚姻生活中，那些幸福的家庭都有着相似的经营之道，不幸福的家庭也有着相似的不幸根源，那就是抱怨。作为妻子，如果成天都在抱怨自己为家庭付出了很多，既要工作又要兼顾家庭还要照顾孩子，那么就会成为负能量团，给家人带去不好的情绪体验；作为丈夫，如果每天都在抱怨自己为了家庭打拼，在外面吃苦受累还要受很多委屈，回到家里只想让劳累的妻子做好所有的家务，把自己伺候得舒舒服服，那么必然会引起妻子的不满，也会对妻子感到不满。如果丈夫和妻子都能改变态度，丈夫意识到妻子做了很多琐碎的事情特别操劳，妻子能够体谅丈夫作为家庭顶梁柱的辛劳，那么他们就会从相互抱怨到彼此体谅，从相互疏远和嫌弃到彼此亲近，从相互索取到心甘情愿地付出，可想而知，夫妻关系必然会有质的改变，幸福的天使也会真正降临他们的家庭。如果说此前家庭里充斥着负面的能量，那么现在则充满着积极的力量，夫妻双方都在以积极的影响力改变着对方，改变着家庭氛围，从而使家庭生活越来越美满和幸福。

每当炎热的夏季到来，人人都很厌恶四处飞舞的苍蝇和

○ 影响力思维

蚊子，因而心烦气躁地想要彻底消灭它们。在这样的环境里生活，日久天长必然心浮气躁，远离幸福。其实，与其抱怨苍蝇和蚊子，带着怒气试图拍死它们，还不如采取更为有效和彻底的方式清洁居家环境，还给自己清净的家和清净的内心。从现在开始，再也不要因为抱怨而陷入负面循环之中了，而是要停止抱怨，以积极的态度去面对，以有效的方式去改变。既然没有人能够彻底消除生活中的不如意，那么不如开心快乐地面对人生中的每一天。任何时候，笑脸总比哭脸更好看。

一个人要成长，就要改变爱抱怨的心态，把自己所有的力量都投入成长之中。此外，也不要盲目地羡慕他人，贬低自己的人生，要相信他人也有我们所不知道的烦恼。既然他们能够带着烦恼乐观地生活，我们当然也可以做到。不抱怨的人更受他人的欢迎，因为能够给他人以积极的力量，和他人互相促进、支持，共同成长。面对那些一时之间无法解决的问题，抱怨也于事无补，不如暂且放下这些事情，给自己一些时间和空间恢复内心的力量。要相信，世上无难事，只怕有心人，只要心怀希望，就没有任何困难能够打倒我们！

消除紧张

在现代社会生活中，竞争日益激烈，生存的压力越来越大，很多人都产生了危机感。不仅成人为生存而担忧，孩子也承受着巨大的学习压力。长期处于紧张的状态之中，人生活的状态就会越来越糟糕，精神的紧绷也使人惶惶不可终日。为了消除紧张，我们要先了解紧张的负面作用。

从心理学的角度来说，精神紧张的危害是不容忽视的。尽管适度的紧张有助于帮助人们保持专注，振奋精神，充满动力，但是过度紧张却会导致事与愿违，会对解决问题起到负面作用，严重的还会危害人们的身心健康。在过度紧张的状态下，人们很容易情绪低落，也会产生悲观沮丧等负面情绪。当人长期保持过度紧张的状态，不但会导致性格变化，还会产生各种心理疾病。有些人因为长期过度紧张而严重抑郁，产生厌世心理，还会萌生自杀的念头，这都是极其糟糕的。

在精神紧张的状态下，身体会发生一系列的反应，进而影响身体的正常运转。从代谢的角度来说，过度紧张的人会处于高代谢的身体状态，自身的激素分泌水平也会维持在较高的水平。对正常的人体状态而言，这些情况原本应该是偶然发生的，不应该是常态。一旦始终处于这些异常情况下，身体就会分泌出大量的过氧化物，威胁身体健康。此外，过度紧张还会导致心跳加快、血压升高等情况发生，对于身体健康都是极其不利的。

过度紧张除了影响身体健康外，还会导致身体非常敏感。异常的敏感状态使人草木皆兵，遇到一些微不足道的小事情或者突发情况就会处于应激状态，导致心理创伤。举例而言，情绪平和、内心放松的孩子在面对老师批评的时候会很乐于接受，也会积极地改正不足，但是情绪紧张的孩子却会误以为老师在故意针对自己，从而误解老师，甚至与老师之间爆发矛盾。在成年人的社会中，这样的情况更是屡见不鲜。过于紧张的员工无法与上司、同事搞好关系，总是把对方的无心之举理解得别有用意。他们的身体器官始终处于防御状态下，长此以往必然损害身体的免疫系统，大大提升身体患病的概率，各种疾病也会趁虚而入。正是因为如此，长期处于紧张状态下的人才会出现胃溃疡、呼吸系统疾病等各种慢性疾病。

紧张还会使人处于压力状态下，而压力使人身心疲惫，万分焦虑，消耗大量的能量。每个人对抗压力和承受压力的能力是不同的。通常情况下，外向乐观的人更能够承受压力，而内向悲观的人则无法承受压力；自信的人能够承受失败的打击，而自卑的人则很容易怀疑和否定自己，也会因为失败而感到无法面对自己，信心尽失。

那么，怎样才能消除紧张呢？那些已经习惯了紧张情绪和压力存在的人，并非不会受到紧张情绪和压力的伤害。恰恰因为他们长久地与紧张情绪和压力融为一体，所以他们才会将紧张和压力的存在视为理所当然，甚至认为自己的生活中原本就该有紧张和压力。这是一种非常危险的情况，就像温水煮青蛙，人渐渐地麻痹，对紧张和压力失去了该有的重视态度。

有一点是不可否认的，即每一个现代人都具备更强的抗压能力，也能承受紧张情绪带来的各种负面作用。正因如此，他们才能适应现代社会的生活和工作节奏。然而，即便如此，我们依然要怀着慎重的态度对待紧张和压力，而不要任由紧张和压力在我们的人生中扎根。对于紧张和压力，我们要像对待沸水那样及时地跳出来，而不要像对待温水那样安逸地留在其中。

在现代生活中，所有人都有紧张的情绪，也都正在承受着压力。其中，只有极少数人对于紧张和压力是有所觉察的，而大多数人对于紧张和压力都是毫无觉察的，因为在长期共生的过程中，他们已经把紧张和压力视为生活的一部分了。就像一个高血压的人能够承受更高的血压，但是并不意味着高血压不会给他们的身体造成伤害。如果人们在无意识的状态下不断积累紧张感，那么他们并不会自动地放松自己的身心，缓解自己紧张的心情。之所以出现这样的情况，是因为一个人很难获得充分的放松。作为现代人承受着多重压力，甚至在入睡的状态下都会做一些和工作有关的梦，在睡梦中继续焦虑。可想而知，在这样的状态下，清晨醒来的他们必然马上重新拾起很多压力，重新进入更严重的紧张状态。没有片刻放松的时候，内心的紧张和焦灼感可想而知。

　　细心对比就会发现，处于放松状态下的身体和精神状态，与处于紧张状态下的身体和精神状态是完全不同的：前者更为灵活，而后者则显得呆滞；前者能够敏锐地感知到快乐，而后者则略显麻木，无法感知快乐；前者具有深刻的洞察力，而后者则流于表面，不能进行深入思考；前者更具有创造性，后者则很刻板僵化，缺乏创造力。科学家早就证实，人的潜能是无穷的，之所以有的人能够激发出自身的潜能，而有的人潜能始终在沉睡，区别在于是否能够进入和保持放松的状态。只有在完全放松的状态下，人才能更多地关注自己的内心，释放出自己的潜在力量。反之，如果有一个人始终保持过度紧张的状态，就会对外界的变化草木皆兵，产生过激反应，这样是不可能进入最佳状态的。

任何人都不应该让紧张感始终伴随自己，在生活中根深蒂固。从现在开始，我们就要有意识地消除紧张感。起初，我们也许不能找到有效的方法，但是随着时间的流逝，随着摸索和尝试的次数越来越多，我们一定能够找到最适合自己、最有效的方法。其实，紧张感是有开关的，我们只要做好以下的三个步骤，就能关闭紧张感的按钮，让自己放松下来。

第一步，就是专注当下，让自己全身心投入于当下的姿态，既可以是站姿，也可以是坐姿，还可以用自己喜欢的任何方式。你会发现自己前所未有地感到舒适、惬意和放松。

第二步，深呼吸，专注于呼吸。一呼一吸间，我们会感受到生命力的涌动，也会体味到最放松的生命本真状态。

第三步，让意识流动过自己的整个身体，检查自己是否还有某个身体部位感到紧张，还没有完全放松下来。

这三个步骤是非常简单的，即以自己最放松的姿态深呼吸，然后确保自己的整个身体都很放松。只需要重复这样的过程，我们就会越来越放松，越来越沉浸于放松的状态。在坚持练习的过程中，我们整个身体中所有还没有放松的部位都会变得放松，当确保自己全身放松之后，进行三次深呼吸，让身体保持低压力水平。当我们以这样的放松状态投入生活和工作中，我们会感觉越来越好，也就能够充分地享受生命中如常的一天。如果只靠着自己无法进入放松状态，那么还可以求助于他人，例如以倾诉的方式吐露自己的烦恼，从他人那里寻求援助，这些都有助于消除紧张状态。

第06章

展现影响力，铸造团结力

在任何组织机构中，作为领导者都必须具备影响力，才能铸造团队的团结力。领导者是整个团队的核心，也是整个团队的灵魂。通常情况下，领导者必须具备影响力，发挥影响力，才能凝聚整个团队。反之，如果领导者没有影响力，那么整个团队就会如同一盘散沙，无法凝神聚力地共同完成艰巨的任务，更不可能齐心协力地共渡难关。

打造具有影响力的团队

任何一家公司中,都必须有优秀的团队,公司才能取得发展,坚持成长。那么,如何才能培养出优秀的团队呢?其实,公司和团队是不同规模的组织机构,而组织机构的重要组成部分就是人。只有广纳贤才,所有团队成员都团结一致,才能成为优秀的团队。这意味着必须调动所有团队成员的热情,使他们充满积极性,全力以赴地为了团队的成功而努力。在必要的时候,团队成员还要有牺牲小我、成就大我的精神,坚持把团队利益放在第一位。从本质上而言,团队成员与整个团队之间的关系是合作共赢的,当团队获得成功,具备极大的影响力,那么对个人而言,就可以用团队作为自己的名片,作为自己的坚强后盾。从团队的角度来说,要把团队的大利益与个人的小利益结合起来,这样才能通过实现团队的大成就,助力所有的团队成员获得个人的小成就。在真正优秀的团队中,个人的大成就与成员的小成就是相辅相成的。

当然,打造一个优秀的团队并非简单容易的事情,需要

○ 影响力思维

所有团队成员齐心协力地努力。那么，团队应该怎样才能引导所有团队成员，全力以赴地一起打造团队品牌呢？这是团队管理的重点和难点所在，也是作为团队管理者亟待解决的关键问题。

如今，越来越多的公司意识到，员工的参与度和关注度对于公司发展和成长十分重要。它们也深刻地意识到，只有与公司相关的所有团队都表现得积极向上、团结一致，整个公司才有可能获得更多更大的成功。人们常说同舟共济，那么成员与团队、团队与公司之间就是这样的关系。

在公司或团队中，那些积极参与集体活动，热情投入工作的员工会有更好的表现。他们更愿意与同事精诚合作，更愿意敞开心扉和上司沟通，更愿意想方设法地服务好客户。这使他们能够取得想要的结果，在工作中拥有更好的表现和更高的效率。在与公司和团队的良性互动中，他们获得了更大的自由空间，可以发挥自身的创造性，获得更大的成就感。

与这样的良性运转状态截然不同的是，在很多组织机构中，管理者频繁地制定没有现实意义的战略计划，总是采取拿来主义，把可量化的报告作为员工的工作目标。如此一来，管理者的确更容易获得好看的数据，却扼杀了员工的热情和积极性，使员工对待工作缺乏自主性和主动性。不得不说，这么做的短期效果也许立竿见影，但是从长远的角度来看，将会产生非常危险的负面作用。真正的老板看到好看的数据误以为公司运转良好，没有机会了解到员工的真实工作状态和心理状态，等到公司病入膏肓时才会恍然大悟，却悔之晚矣。

为了提升员工的积极性，激励员工发挥创造性，作为领导者就要注重自身的影响力，尤其是要采取有影响力的行为，感染和号召员工积极地参与公司事务。在很多公司里，员工都处于虚假的忙碌状态，他们看上去片刻也没有休息，十分忙碌，实际上却毫无效率，也没有得到想要的结果。与其如此，不如静下心来想一想，自己想要实现的目标到底是什么，如何才能合理地安排和规划时间，如何做到全力以赴地投入工作，有空余的时间可以用来休息和调整。这才是真正的张弛有度，劳逸结合。

要想做到这一点，员工就要保证自己在正确的时间做正确的事情。实际上，虽然有些员工看上去参与度很高，但是他们工作的真实状态却是不同的。在这些表面看来积极参与工作的员工中，第一类员工的确很积极，坚持做自己该做的事情，坚持做好正确的事情，所以往往能够圆满地完成上司交代的任务，在工作中不求有功，但求无过。他们是公司的中坚力量，正是因为有了他们的存在，整个公司才能保持良好的运转，保证顺利按时地完成工作任务。

第二类员工的境界更高，他们不但和第一类员工一样按部就班地完成所有工作，而且会主动延长工作时间，会积极地追求上进，申请升职，主动要求承担更为繁重的工作。在员工参与度的调查表中，他们的表现可圈可点，不愧是优秀员工。他们具有更敏锐的感觉，也具有更顽强的毅力，能够不遗余力地投入工作之中，甚至不需要上司督促和激励，他们就会鞭策自己做出更好的表现。在他们的推动下，公司会呈现出稳步发展的态势。

第三类员工是非常积极主动的，他们工作不仅仅是为了赚取薪水，也不仅仅是为了做出成就，而是为了实现自身的价值和人生的意义。对待工作，他们的意识很强烈，他们往往能够打破常规，推陈出新，甚至甘愿承担巨大的风险，也要去勇敢地尝试做新的事情，为公司开拓新的出路。正是因为有了这些员工的存在，公司才会充满活力，也才会爆发出旺盛的生命力。最让领导者感到欣慰的是，这种类型的员工非常理解和体谅领导者，也愿意忠心耿耿地追随领导者。对于领导者提出的建议或者是大胆的革新，他们会主动理解和接受，也会全力支持和大力推行。

在公司里，这种类型的员工，以及由这种类型的员工组成的团队往往具有很强大的影响力，能够带动整个公司的工作氛围。当然，他们本身也会成为领导者，这就使得他们的高参与度在无形中会影响下属，让下属也渐渐成为和他们一样的自主型员工。

无论是哪种类型的员工或者是领导者，都必须认清一个事实，就是简易才能产生高效，消耗来自多元性。这完全符合二八定律，即我们用20%的努力创造了80%的成就，而80%的努力却只能创造出20%的成就。既然如此，我们为何不集中时间和精力去做有意义的事情呢？唯有把握主题，把握重点，我们才不会剑走偏锋，造成无端浪费。

作为管理者，要想发挥自身的影响力，打造有影响力的团队，就应该坚持面面俱到，做好各个方面的工作。例如，树立权威。多头管理的效率往往是非常低下的，在同一个组织机构中，一定要有权威人物作为管理者和带头者。这就要求领导者要树立权威。领导者要秉公办事，公正严明。秦朝时期，商鞅推行变法，先是立木取信，后来又依据规章制度严厉惩罚了犯法的贵族公子和皇子，所以才能震慑贵族和大臣，顺利推行制度。正所谓千里之堤，溃于蚁穴，作为领导者，一旦有一次打破规矩、特事特办的行为，就很难继续秉公执法，也就会让自己威信全无，导致后续的工作无法继续进行下去。领导者还

◐ 影响力思维

要始终牢记距离产生美的道理。有些领导者为了与下属拉近关系，常常与下属打成一片。殊不知，这么做会让领导者变得被动，在下属犯了错误或者没有圆满完成工作任务时，领导者很难拉下面子惩罚下属。在职场上，把个人感情与工作混为一谈是最不理智的行为，也是最失策的举动。明智的领导者会对下属恩威并施，与下属保持合理适度的距离，这样既可以表扬下属，也可以惩罚下属，可谓进退有度。

总而言之，打造优秀且具有凝聚力的团队绝非一日之功，作为领导者既要有领导的智慧，也要有领导的魄力，更要懂得管理的艺术，才能游刃有余地做好管理工作，打造出理想型的团队。

他人的愿景不容忽视

对任何组织机构而言，终极目标就是使企业人员的工作效能超越相加的效果，实现相乘的奇迹，而不要出现相互抵消的情况。听起来，这似乎很容易做到，其实知易行难，要想真正做到却是难上加难。一切形式的组织机构都是以人为本的，一旦脱离了人的作用，企业也就没有效率可言。在企业发展的过程中，领导者和管理者必须致力于建立共识和规范，并将其付诸实践，这样整个组织机构才能遵循共同的目标，朝着共同的方向，秉持共同的原则努力。这样当决策和执行出现相应的后果时，所有的团队成员才能够共同承担一切责任，不推脱不逃避，在彼此支持和相互依存的过程中，真正建立具有强大影响力的团队。

在企业中，团队成员要渐渐地形成坚持正向思考的工作态度，这样才能初步形成积极正向的团队工作意识。唯有如此，在面对一切形式的竞争与挫折时，团队成员以及整个企业才能凝聚力量，共渡难关，全力以赴，共创奇迹。当然，人的工作是最难做的工作,众所周知,每个人都是独特的生命体,都是特立独行的存在,每个人在考虑问题和处理问题时都会从自身角度出发,想要满足自身的需求和欲望。在此过程中,人与人之间难免会爆发各种矛盾和冲突,也会因此而导致隔阂产生。最好的解决方法,就是让所有的团队成员都以实现团队的共同目标为己任,在个人利益与团队利益发生冲突的时候,坚持个人利益让位于团队利益的原则。与此同时,作为团队的领导者和管理者,要关注每个团队成员的愿景,把团队成员的愿景纳入团队的共同愿景之中。由此一来,就实现了团队成员的个人愿景与整个团队的愿景相一致。

很多团队管理者都没有做到这一点,他们以团队的目标为至高目标,以团队的利益为至高利益,在此过程中不知不觉地忽略了团队成员的个人愿景,使团队成员丧失努力的意愿。实际上,团队成员的利益与团队利益不是对立的,而是一致的,唯有彼此成就,才能共同实现最伟大的目标。

作为管理者,要坚持与团队成员进行交流和沟通,这样才能了解与洞察团队成员内心深处真实的想法,才能给予团队成员更多的关注和支持。领导者唯有加强与每个团队成员的联系,才能最大限度发挥自身的积极影响力,凝聚整个团队。反之,那些看上去终日都在忙碌的管理者,往往会忽略了团队成员的愿望和目标，也不关注团队成员的愿景，这就使他们不能继续为团队成员提供有益的信息，也疏于和团队成员进行必要的交流。当管理者总是简单粗暴地给团队成员下命令，团队成员怎么会愿意为团队发展贡献属于自己的力量呢？

作为管理者和领导者，一定要密切关注与团队成员的互动，这样才能与团队成员之间建立良好的关系。不仅对待团队成员如此，在对待家人、朋友等人时也要如此。一切良好的人际关系，都需要我们积极地为他人提供有益的信息，保持与他人的密切互动。

在与团队成员沟通的过程中，管理者应该关注以下四个方面的信息反馈：我的行为是否有益于他人取得进展，获得成就；我的行为是否获得了其他团队成员的支持，使他们对我满怀信心，保持积极的态度；我对于其他团队成员是否有价值，让他们认识到自身的重要性；我的行为是否正确，是否符合其他团队成员的预期，并且能够为他们提供精简有效的客观信息。当团队管理者从这四个方面反思自己的行为和举措时，就能够改变无意识的管理状态，从而帮助自身和其他团队成员获得成长和进步。

任何时候，打造优秀的团队都是至关重要的。不管组织机构的规模是大还是小，管理者只有打造好团队，才能为组织机构的生存和发展贡献力量，起到决定性的影响作用。既然如此，就要先致力于成长为优秀的管理者，关注每一个团队成员的愿景。

愿景具有强大的力量，和目标是抽象的不同，愿景是更加具体形象的。如果说目标是一句话，那么愿景则是一幅图画。那么，对于没有愿景的团队成员，管理者又该怎么做呢？俗话说，巧妇难为无米之炊，难道管理者就放弃关注这些团队成员吗？当然不是。作为管理者，不但要关注团队成员的愿景，也要能够带领团队成员一起畅想和憧憬未来，还要以生动形象的语言向团队成员描摹未来。如此一来，团队成员就会从漫无目的的工作状态，转化为有明确目标和有美好愿景的工作状态。举个例子，那些才二十出头的员工，因为他们还没有成家，没有孩子，所以对于未来也没有明确的规划，甚至没有长远的计划。在这样的情况下，不妨从员工的自身特点着手，为他们描摹未来。例如，一个年轻人暂时不想谈恋爱，更不想结婚生子，那么可以抓住他孝敬父母这一点，为他描画在工作上有了巨大进步，获得升职加薪，可以拿出一大笔钱给父母在老家建造乡村别墅，让父母过上颐养天年的美好晚年生活的场景。这样一来，他就会充满工作的动力，全力以赴地投入工作之中。再如，对于一个热爱旅游，立志走遍世界每一个角落的年轻人，则可以为他描摹通过努力工作有了积蓄之后，去撒哈拉沙漠看日落，去马尔代夫潜水的旅游情形。相信在头脑中有了美好的画面之后，这个年轻人一定会全力以赴地投入工作之中，只为了有朝一日能够让美梦成真。

总之，愿景就像是一幅画悬挂在我们的头脑中，面对工作的辛苦和疲惫，只要想起这幅画面，我们就会疲惫尽消，马上又恢复活力，精神抖擞地投入努力的状态中。从这个意义上来说，每一个管理者都要成为绘画大师，把美妙的梦想变成一幅幅美好的画面，让这些画面根植于团队成员的脑海中。当管理者坚持这么去做，不需要每天给团队成员灌鸡汤，也不用时时给团队成员打鸡血，团队成员就会全力以赴，共赴荣光！

语言具有强大的力量

说话是一门艺术，在人际沟通的过程中，善于交流的人往往能够给他人留下良好的第一印象，与他人之间建立良好的人际关系。尤其是在初次与人见面的时候，善于沟通的人很快就能拉近自己与他人之间的距离，以优雅的谈吐表现出自身的素质与涵养。很多情况下，我们也许可以精心打造自己的形象，却无法始终掩饰自己的内在，这是因为语言总是会有意或者无意地彰显我们的内在。正是因为一个人不可能从始至终都掩饰自己的语言，所以语言才显得尤为重要。不管我们是否愿意，我们都会以谈话的方式透露自己的人生经历，也会在不知不觉间把自己的秘密告诉他人。不管是否愿意，我们都会透过语言表现出真实的自己，也能够透过语言了解真实的他人。

在与人交流的过程中，为何只有极少数人能发挥语言的艺术和强大作用，让语言起到良好的沟通作用，而绝大多数人都表现得笨嘴拙舌，无法运用语言表达自己真实的内心呢？这是因为很多人都把说话想得太过简单和容易了，他们误认为说话就是张口发声。实际上，说话从来不是一件简单容易的事情。正如一位名人所说的，语言是思想的外衣。要想说话有条理，我们就要梳理自己的思路，对每一件事情条分缕析；要想说话表现出高情商，我们就要怀着一颗宽容的心，要能够站在他人的立场上设身处地为他人着想；要想说话有深度、有道理，我们就要在日常生活中坚持阅读，勤于思考……总而言之，我们的一言一语都充分表现出自己的内心世界，展示出自己的各种观点和情感。只有花费更多的时间和精力研究语言的艺术，练习说话的技术，我们才能做到我口说我心，把话说到他人的心里去，使语言成为人际沟通的桥梁，真正起到传情达意、促进社交的作用。如今，很多父母不惜花费重金培养孩子的兴趣爱好，让孩子参加各种课外班提升学习能力，唯独忽略了提升孩子的语言表达能力，让孩子真正掌握表达的艺术。

在现实生活中，很多成功者都掌握了语言的艺术，能以生动有趣的方式有效地与他人沟通。他们具有极强的语言驾驭能力，所以才能随心所欲地运用语言与他人沟通和交流，发挥语言的力量化解各种尴尬，调节气氛，活跃氛围等。在此过程中，他们与他人建立了良好的关系，也成功地渡过了各种各样的危机。例如，英国前首相丘吉尔就是非常优秀的演说家，在从政生涯中，他数次通过演说号召英国民众团结起来共渡难关，发挥语言的艺术与其他国家的首脑人物进行斡旋。单独来看，一个口才出类拔萃的人也许并不占据明显的优势，但是在人群之中他却会脱颖而出，成功地吸引他人的关注，赢得他人的尊重和拥戴。

从某种意义上来说，各行各业的人都要懂得说话，掌握语言的艺术。这是因为，一个人不管从事什么工作，都需要与人打交道，需要与人沟通和交流。现代社会中，一个人不可能离群索居地生活，更不可能脱离他人的帮助和支持就做成伟大的事情。现代职场分工更加精细，也就使合作变得越来越频繁和密切，一个人即使能力再强，也要把自己融入团队之中，发挥自身的力量，与团队成员齐心协力，精诚合作，才能共同实现团队的大目标，也促进自身小目标的实现。

即使作为艺术家，也需要在艺术领域中与同行进行交流，需要把自己的艺术作品介绍给大众，把自己想要通过艺术作品表达的思想传达出来。作家更是要致力于表达。在创作过程中，作家以文字来书写自己的内心，把自己对世界的深刻理解表达出来。在积累素材的过程中，作家则需要与形形色色的人交流，了解不同人的人生，以及不同人对于生命的感悟。唯有储备更多的素材，以不同人的视角看待和体验这个世界，作家才能更加深刻地洞察人性，写出有深度的作品流传后世。除了艺术家和作家外，还有很多其他职业的从业人员都是要以与人沟通为主要工作方式的。例如，医生需要充分深入地与病患沟通，才能了解患者的症状和病痛，了解患者的心理状态；教师需要与学生沟通，一则以语言表达的方式教授学生知识，二则以沟通的方式了解孩子的心理状态、情绪和情感状态，从而与学生相处，全面做好教育教学工作；销售人员的主要工作形式就是与客户沟通，在交流的过程中了解客户的真实需求，对客户进行引导，给予客户专业性的指导和帮助；心理医生则要与患者交流，通过各种方式帮助患者解开心结，疏通情绪等。总之，绝大部分职业的从业者都需要以沟通和交流作为主要的工作形式，与工作的对象之间进行互动，加深了解。由此可见，语言在人类生活中是至关重要的，而且具有强大的力量。一个人如果善于运用语言，能够充分发挥语言的力量，就会在社会交往中扫除很多障碍，如愿以偿地建立良好的人际关系，更加接近成功。

现代职场上，人与人之间的竞争异常激烈。一个人要想找到合心意的好工作，首先需要把自己推销出去，给面试官留下好印象，这样才能获得面试官的青睐，赢得工作的机会。反之，一个人如果像茶壶里煮饺子，虽然内在很优秀，但是外在却不能表现出来，那么很有可能面临被拒绝的窘境。

那么，到底怎样才能掌握语言的艺术，发挥语言的魅力

○ 影响力思维

和力量呢？只有听上去漂亮的措辞是远远不够的，真正有内涵的、令人感到愉快的交谈，还要注重交谈的思想和实质性的内容。优质的谈话应该是彼此启迪、互相学习的过程，而非一方求知若渴地倾听另一方侃侃而谈，却无法给另一方带来有营养的交谈内容。正是因为如此，古人才说听君一席话，胜读十年书。

如今的时代是很浮躁的，越来越多的人只追求结果，而不注重过程，只追求高效便捷，而不注重方式方法。正因如此，语言艺术呈现出衰落的趋势。随着微信等现代化通信工具的流行，更多人热衷于打电话、发语音，而不愿意耐心地措辞。其实，当真正能够静下心来给他人写一封信，或者是发一段文字，我们就会发现语言所具有的独特魅力和强大力量。

是时候让自己从浮躁的生活中抽身而出，慢下来沉淀自己的内心了。如果发现自己的语言表达能力不如人意，无须着急，可以采取以下的方式有效地提升语言表达能力。例如，坚持纸质阅读，从前人的智慧中获得成长；扩大社交圈子，与更多有智慧的人交流，受到他人的启迪，开阔自己的眼界和视野；坚持进行相关训练，有意识地当众说话，这样才能提升自己的勇气，让自己从不敢当众表达到能够当着很多人的面侃侃而谈。当然，这些方式都不可能一蹴而就地提升我们的语言表达能力，所以要有足够的耐心和毅力，循序渐进，日积月累。

学会模糊沟通

在沟通的过程中,未必所有问题都能说得清清楚楚、明确无误。很多问题原本就是两难问题,是很难以某种标准进行回答和界定的。有些问题还会使人陷入尴尬之中,不知道如何正面回答。在这些情况下,就要学会模糊沟通,以含糊其辞的方式回答问题,既不让自己太尴尬,也能让对方得到回复,可谓一举两得。

不管是在日常生活中,还是在工作中,都会遇到需要模糊回答的情况。尤其是在职场上,大多数职场人士都需要应酬,那么面对那些无法明确回答的问题或者是无法明确表达的话题,就要运用含糊表达的方法,以免给自己带来麻烦和困扰。所谓含糊表达的方法,顾名思义就是在人际沟通的过程中使用不精确的语言和他人交流。这就像是绘画大师在绘画的过程中,除了运用黑色和白色外,还会运用灰色作为过渡。含糊表达的方法恰如灰色,不像黑色和白色那么干脆利索和明确,却也能够表现出自己的态度,以隐晦委婉的方式应对问题。

从语言艺术的角度来说,含糊表达的方法是很高明的艺术,是运用不确定的、不精确的语言进行交际的方法。在某些情况下,含糊表达的方法所起到的效果,反而比精确表达的方法起到的效果更好。例如,我们想找一个只匆匆见过一眼却不知道姓名和职位的人,那么在向他的同事进行描述时,可以描述他的高矮胖瘦以及长相特征,就能缩小寻找的范围。反之,如果描述这个人已经35岁了,身高186厘米,反而不容易找到。此外,在人际交往中想要拒绝他人时,如果毫不掩饰地说不喜欢对方,并且精确列举对方的缺点,那么一定会让对方很难堪。更好的做法是含糊其辞,说自己与对方性格不合,也因为一些其他原因没有机会常常见面,这样就能保全彼此的面子,再见面还是朋友,不至于导致关系破裂,老死不相往来。

那么,如何才能做到含糊表达呢?可以学习如下的技巧,从而提升自己含糊表达的能力。

含糊表达的第一种方法,是回避法。面对他人尖锐的提问,如果不知道如何正面回答,也想要避免引起尴尬,那么就可以巧妙地回避。例如顾左右而言他,或者是不动声色地转移话题。哪怕对方意识到我们的回避,他们也不会穷追不舍,使大家都很尴尬。当然,如果遇到居心叵测的人,就想看我们当众出糗，那么我们也可以不再回避，而是以积极正向的方式捍卫自己的合法权益，维护自己的尊严和面子。

含糊表达的第二种方法，是泛泛其词。所谓泛泛其词，指的是在传递信息时使用具有宽泛和弹性含义的语言。例如，邀请他人于明天上午十点钟来家里做客会给人以压迫感，而邀请他人于明天上午来家里做客，则会给他人更大的自主空间确定到访的准确时间。尤其是在邀请上司、长辈等人来家里做客时，更不应该规定明确的时间，否则就会使对方感到自己不被尊重，也会有勒令对方的嫌疑。

含糊表达的第三种方法，是给对方提供选择。在面对不同的事情时，我们会有不同的目的，那么就要根据自己的目的，以提供选项的方式引导对方给出自己想要的回答。例如，批评下属迟到，既可以声色俱厉地要罚款，也可以询问对方是堵车还是因为前一天加班起床晚了，这样就能顾全对方的面子，给对方台阶下。在给对方提供选项帮助对方解围之后，还可以对对方提出期望，相信对方一定会努力做到让我们满意的。

含糊表达的第四种方法，是自嘲。面对他人别有用心的追问，我们与其眼睁睁地等着出糗，不如主动地自嘲。既然对方的目的是让我们尴尬，那么我们主动嘲讽自己，反而能表现出宽阔的心胸和气度，也就能够顺利地化解尴尬。在人际沟通中，总有些人偏要哪壶不开提哪壶，也有些人就喜欢看别人出洋相。对于这样的人，可以敬而远之，如果狭路相逢也无须紧张，只要自嘲即可。

当然，含糊表达的方法还有很多，每个人都可以根据现场的情况，及时地做出应对。主要原则就是以和为贵，不管采取哪种方式推脱和搪塞对方，都要尽量不伤和气。

第06章 展现影响力，铸造团结力

世界上没有那么多"应该"

在这个世界上，很多人都在不知不觉间陷入了主观主义的误区，理所当然地认定很多事情，也就会以"应该"作为口头禅。他们会说"你应该……""我应该……"等等。然而，"应该"就一定能够成立吗？残酷的现实告诉我们，在很多情况下，应该的事情都没有水到渠成，反而节外生枝，生出了很多无法预测的意外。所以不要再把应该当作口头禅，而是要擦亮眼睛，认清现实。例如，你落难的时候认为很多朋友都应该帮助自己，结果却发现不但夫妻大难临头各自飞，朋友更是大难临头各自飞；你认为父母应该帮助自己照顾家庭养育孩子，结果却发现父母早就盼望着子女长大之后能够有自由的时间和空间，做想做的事情；你认为自己应该在这次选拔中获得晋升的机会，升职加薪风光无限，结果却发现平日里默默无闻的同事后来者居上，反而成了你的上司……你认为的"应该"越多，你接受现实的能力越差，你就越是会不停地抱怨自己，指责他人，愤愤不平。这使你的心中充满了愤怒，甚至不能平心静气地面对自己。

当终于意识到世界上没有那么多应该之后,我们才会深刻意识到"帮忙是情分,不帮是本分"的道理。作为一个有自尊心的人,要懂得自尊自爱自强自立,也要懂得自救。任何人都不亏欠我们,我们唯有努力地生活下去,才能获得自己想要的人生。如果凡事都认为理所当然,凡事都认为应该,理直气壮地向他人寻求帮助和援助,被动地等待命运的安排,那么必然会被命运玩弄于股掌之中,被命运无情地捉弄。每个人都应该成为自己人生的缔造者,成为自身命运的创造者,才能全力以赴地奔向未来,无所畏惧地抓住所有的机会,获得更多的可能性。

面对困境,我们要更多地从自身寻找原因,毕竟每个人最大的敌人就是自己,每个人的救世主也是自己。如果总是把所有的不幸归咎于外部原因,就会自暴自弃,不愿意主动积极地改变现状。人们常说,心若改变,世界也随之改变,其实是有道理的。很多困境都源于我们的心结,只有解开心结,勇敢面对,迎难而上,我们才能冲破困境,超越重重阻碍,进入人生中柳暗花明又一村的境界。

民间有句话广为流传,叫作"救急不救穷"。很多人都不明白这句话的意思,难道不应该向那些深陷贫穷困境的人伸出援手吗？其实，这句话告诉我们，对于那些因为发生了紧急情况而需要帮助的人，我们的确要慷慨相助。但是，对于那些长期处于贫穷状态的人，如果不是外因导致的，就要认识到他们是因为懒惰等个人原因才会一直贫穷，无法改变现状，是不值得帮助的。对于自己，我们要更加深刻地剖析个人原因；对于他人，我们也不要同情心泛滥，毫无原则地帮助他人。凡事有因才有果，有果必有因。只有透过现象看本质，拨开迷雾见真相，我们才能杜绝"应该"，更加全面地思考，更加理性地对他人施以援手。

然而，能够拯救我们的人，只有我们自己。不管是谁，能够给我们的帮助都是有限的，品格高尚的朋友固然会对我们雪中送炭，却不会始终为我们的人生添砖加瓦。只有不断地强大自己，让自己变得更加坚强和勇敢，我们才能全力以赴面对生命中的各种境遇，无所畏惧地渡过生命中的各种难关。

在生命的历程中，对于遇到的所有人和事情，我们都要心怀感恩。俗话说，不经历无以成经验。一切的经历，不管是好的还是坏的，我们都要将其当作是鞭策和鼓励。对于身边的朋友，不管能否给我们帮助，我们都要感受到他们的温度，感激他们带给我们的温暖。每个人眼中看到的世界，就是自己内心的折射。当我们怀着感恩之心看待世界，世界也会回报给我们温暖；当我们觉得世界亏欠我们，那么就会感到不满，也会因此而感到寒冷彻骨。

与朋友相处，我们要主动地伸出橄榄枝，要以善意对待朋友，这样朋友才会友善地对待我们；与同事相处，我们要学会积极地合作，不要保留私心，这样整个团队中的所有成员才会众志成城，达成目标。面对成功，我们不能骄傲，更不能志得意满，而是要继续努力，再接再厉；面对失败，我们不要气馁，要继续给自己加油和鼓劲，这样才能从失败中汲取经验和教训，踩着失败的阶梯努力向上。

人生不可能永远都是顺境，逆境和坎坷是人生的常态。每个人都要有一颗足够强大的心灵，也要有超强的承受能力，不要让"应该"阻碍了自身的进步和成长。我们不应该贪图安逸，更不应该满足于现状；我们不应该沉迷于痛苦之中，自怨自怜；我们不应该总是奢求得到他人的帮助，而是应该自立自强；我们不应该总是被动地等待，而是应该化被动为主动，积极地采取行动，助力自己的人生。

从现在开始，我们就要改变应该的消极心态，树立积极的信念，采取有效的行动，掌控自己的人生，创造自己的美好未来！

坚定信念，突破极限

很多人都喜欢吃大闸蟹，尤其是中秋时节，大闸蟹膏肥味美，是人间至味。然而，很少有人知道大闸蟹不平凡的一生。在成长的过程中，大闸蟹需要不停地脱壳，把曾经保护它现在却束缚它成长的壳脱掉，它才能在新形成的壳中长大一圈。在脱壳的过程中，大闸蟹是很脆弱的，但是任何艰难都不能阻碍它成长的脚步。正是因为如此英勇无畏，大闸蟹才能一天天长大。连大闸蟹都如此勇敢无畏，我们又怎么能畏缩不前呢？一个人要想不断地成长，就要坚定信念，突破自身的极限，才能凤凰涅槃，浴火重生。

现实生活中，人人都想享受安逸的生活，却被现实逼迫着努力向前奔跑。如果不是感受过没钱的寸步难行，谁又愿意全力以赴地付出力气和汗水，只为了换取经济上的小小自由，只为了给自己所爱的人更好的生活呢？如果不是感受过被约束和压制的痛苦，谁又愿意不遗余力地向上攀登，想要获得更大的自由和更多的权力，做自己想做的事情呢？对所有人而言，人生不可能是一帆风顺的，总会有各种各样的挫折和磨难，总会面对形形色色的不如意和不快乐。面对人生的不如意时，与其抱怨和指责，不如坦然面对，勇敢承受。这样反而能够激发自己的潜能，鼓足信心和勇气，在切实展开行动去做的过程中激励自己，鞭策自己。

在漫长的人生中，童年时期无疑是最快乐、最轻松的。孩子无忧无虑地成长，想哭就哭，想笑就笑，想要吃什么美味的零食就请求父母买给自己，从来不为任何事情而烦忧。随着不断地成长，孩子一天天长大，渐渐感受到肩膀上的担子，原来长大了的孩子也开始承担责任了。面对命运的刻意刁难，面对人生的喜忧参半，在某些瞬间我们会觉得心里发虚，没有底气。那么，如何才能获得人生的底气呢？其实，不管是生命的尊严，还是人生的底气，都并非从外部世界得来的，而是自己给自己的。

人到中年，才会渐渐地明白，并非所有人都能尽情享受生活的安逸，太多人日夜奔波，操劳忙碌，也许只是为了保障家人过上温饱的生活；在炎炎烈日下，衣服被汗水浸透的农民工是以自己的命在给孩子拼未来；年轻的母亲一边照顾着孩子，一边照顾着简陋的摊位，卖着卖相不好的小吃，如果有其他的选择，她们又何须这么辛苦呢？在成年人的世界里，从来没有"容易"二字，也许艰难拼搏就是所有成年人的真实人生写照吧。

很多时候，我们羡慕成功者有着好运气，有着丰富的人脉关系，也有着很多助力。然而，我们没有看到成功者在获得成功之前曾经咬紧牙关坚持，曾经全力以赴拼搏，曾经熬过最长的夜，经受过最令人难堪的白眼。和失败者的轻易放弃相比，成功者有着最顽强的毅力，有着最强大的内心，有着最勇敢无畏的拼搏精神。

小雅一直过着得过且过的生活，不为任何问题而烦恼，成为心宽体胖的人。自从大学毕业后，她并没有和其他同学一样四处奔波找工作，而是每天优哉游哉地混日子，漫不经心地去面试。她宣称：除非找到让我绝对满意的工作，否则我可不会轻易上职场的贼船。当然，小雅之所以这么说，是因为她有底气。她的父母都在银行工作，收入很高，每个月都会给小雅一大笔生活费。就这样，一年多过去了，小雅考研失败后，始终没有找工作。得知其他同学每天996，累得没时间喘息，小雅万分同情。

然而，谁也不知道命运会在何处给自己安排一个坑。一天晚上，小雅接到了妈妈的电话，得知了一个坏消息。原

● 影响力思维

来，小雅爸爸在体检时发现肺部有结节，怀疑是肺癌。小雅第一时间赶回家，和妈妈一起守在手术室外。尽管她们不停地祈祷肺部结节是良性的，但是结果却令人遗憾，小雅爸爸的肺癌已经进入了晚期。就在这一瞬间，小雅觉得自己的天塌了。妈妈因为过度悲伤而六神无主，小雅只能承担起和医生沟通并确定治疗方案的重任。仿佛一夜之间小雅被逼着成熟了。为了给爸爸治病花光了家里所有积蓄后，小雅万分后悔自己虚度了一年多，没有找一份正经工作，更没有任何收入。看着妈妈愁容满面的样子，小雅心如刀绞。因为一时之间找不到合适的工作，小雅决定先去送外卖。妈妈劝说小雅打消这个念头，小雅却打定主意，对妈妈说："妈，坐吃山空是不行的，你有工资，就负责照顾爸爸，我再去赚一份钱，这样经济压力小一些。"就这样，娇生惯养的小雅当起了外卖员，她这才知道生活多么艰难。后来，爸爸结束了所有的治疗，小雅再也不三心二意地对待生活了。她回到大学所在的城市，脚踏实地地找了一份工作，还开始准备继续考研。次年，小雅付出了万分努力，考上了研究生。她依然不满足于此，还要继续读博，继续成长呢！

一个人如果长期生活在安逸的环境中就会斗志全无，只满足于生活的现状，而不愿意寻求改变。对小雅而言，爸爸身患癌症是噩耗，也是她改变心态、扭转命运的契机。从此之后，她从人生的慢车道进入了人生的快车道，开始勇敢地突破自己的极限，寻求崭新的人生。

每个人都要在应该奋斗的年龄里全力拼搏，虽然不知道自己将会得到怎样的结果，但是至少可以通过努力距离自己想要的生活越来越近，这就是一种成功。在这个世界上，对每个人而言，唯一不变的就是改变，只有改变才是永恒的主题。认清楚这个本质，我们就能跳出舒适圈，成就更好的自己。

很多人抱怨命运不公，认为自己努力拼搏才能获得的一切，对他人而言却是一出生就拥有的。的确，命运从来不公平，每个人出生在不同的家庭环境中，拥有不同的父母，也面对着不同的人生。看起来，那些一出生就在罗马的人是人生赢家，有人人都羡慕的好运气，但那些努力拼搏才获得了想要的一切的人，对于人生有更强的掌控力。从这个意义上来说，我们要辩证地看待问题，既看到问题有利的一面，也看到问题不利的一面，从而做到接受和直面自己的命运，努力去扭转命运。

在电影史上，《肖申克的救赎》堪称经典，很多人看了一遍又一遍，被肖申克的精神深深地感动。在这部电影中，有一句台词令人印象深刻：有些鸟儿是无法关住的，因为

○ 影响力思维

它们有着鲜亮的羽毛。这正是肖申克的真实写照,他蒙冤入狱,没有可能被释放,但是他的心中始终没有放弃对自由的渴望。他以常人难以想象的决心和毅力,在漫长的时间里挖掘了一条通往自由的道路,最终恢复了自由身。换作别人,在令人窒息和压抑的监狱中,说不定早就彻底绝望,更不会坚持努力了。拿破仑·希尔也曾经说过,一个人唯有打破自己脑海中的限制,才能挣脱所有的桎梏。每个人都要积极地寻求改变,都要勇敢地挑战和突破自己的极限,这样才能拥有不设限的人生,海阔凭鱼跃,天高任鸟飞。

第07章

升级影响力，增强行动力

在组织机构中，当领导者形成了影响力，就能团结所有的团队成员，使整个团队具备更强的行动力。由此一来，整个团队就能进入良性发展状态，形成凝聚力，把团队美好的愿景变成现实。

第07章 升级影响力，增强行动力

你，是独一无二的

在社会生活中，每个人都是完全独立的生命个体，都是独一无二且不可取代的。这使得每个人都拥有属于自己的人生。有些人觉得自己没有得到命运的善待，因而盲目地羡慕别人，甚至为了获得他人的生活而模仿他人。殊不知，他人看似非常幸福，却也有着不为人知的苦恼。最重要的是，通过模仿，我们压根无法得到自己想要的人生。很多朋友都知道东施效颦的故事，也读过邯郸学步的故事，就会明白一个深刻的人生道理，即不要迷失自己。

对于人生，我们无须羡慕他人，因为说不定他人也在羡慕我们呢。哪怕人生中有着诸多不如意，我们也要学会勇敢地面对，坚持积极地改变。在年轻时，我们要去想去的地方，做自己喜欢做和想做的事情，即使命运不会按照我们的心意去往我们向往的地方，我们也至少活出了独属于自己的精彩人生。有人说，世界以痛吻我，我却报之以歌。对于命运，我们也要怀着这样的态度，始终坚定热情，始终做好自己。一个

● 影响力思维

人只有热爱生活，爱护自己，才能热爱生命，成就自我。反之，如果时时处处否定自己，盲目地羡慕他人，那么就会对自己的人生充满抱怨，充满负面的情绪和消极的态度，当然也就不可能成为命运的主宰，缔造属于自己的精彩人生。

我们要认识到自己的独一无二，也要坚信自己是不可取代的。在年轻时，我们要全力以赴地拼搏和努力，这样等到年老时才能如愿以偿地过上想要的生活。反之，如果年轻时就贪图享受，在该奋斗的时候选择了安逸，那么我们就会始终停留在原地，被那些从同一个起点出发的人远远地甩下。人生恰如逆水行舟，不进则退。特别是在竞争激烈的职场上，片刻的偷懒会导致我们远远地落后，所以一定要打起精神来，不管面对怎样的现状都要积极乐观，拼尽全力去改变。

对于人生，不同的人有不同的目标。有人想要追求财富，认为唯有实现财富自由才能尽享精彩人生；有人想要获得至高无上的地位，认为呼风唤雨才是真的潇洒；有人想要全力投入工作，获得更高的职位和更多的薪水，以此证明自己的价值和意义。可以说，所有的人生目标都是合理的存在，但是从人生终极意义的角度来看，每个人最伟大的梦想就是要活出真实的自我，形成自己的独特风格，让生命中的每一天都快乐而又充实，有朝一日回顾往昔的时候不会因为虚度年华而悔恨。

人生就像是一条河流不停地往前奔腾，如同逝去之水不复还。这就意味着人生不可能重来，既然如此，我们当然要把握青春年华，尽情享受和创造人生。在职场上，很多人对于自己的职业不满意，有人三心二意地敷衍工作，有人骑驴找马地寻找根本不存在的完美工作，有人应付了事地完成工作。尽管人们常说，三百六十行，行行出状元，但是真正能够做到对所有职业一视同仁的人却少之又少。为了端正态度对待自身的职业，我们要摆正心态，坚信每一种职业和每一个岗位都是有存在的价值和意义的。不要抱怨命运不公，要怀着积极的态度去改变命运，去主宰和掌控命运。正如人们常说的，心有多大，舞台就有多大。很多情况下，不是外界限制了我们，而是内心限制了我们，不是他人看轻了我们，而是我们自己看轻了自己。既然如此，何不从现在开始积极地改变心态，从容地面对人生呢？

古今中外，对于成功者，人们都会采取仰视的态度，情不自禁地羡慕和神化成功者。对于失败者，人们则都采取鄙视的态度，在不知不觉间贬低失败者，指责失败者。那么，成功者与失败者最大的区别在哪里呢？成功者之所以成功，并非是因为他们获得了得天独厚的条件，也并非是因为他们得到了贵人相助或者得到了千载难逢的好机会，而是因为他们够坚

○ 影响力思维

强,有韧性,能够从自身的失败和他人的经验中吸取教训,再发挥自身的优势,扬长避短,取长补短,这样才能距离成功越来越近。正是因为如此,每一个成功者才会有自己独特的成功之道,而这样的成功之道是很难模仿和复制的。

比起成功者,失败者失败的原因则是显而易见的。有些失败者被预想中的困难吓倒,还没有开始尝试就选择了彻底放弃;有些失败者面对困难很容易一蹶不振,沮丧绝望,放弃努力;有些失败者只想走捷径,想通过模仿他人的方式获得成功,最终距离成功越来越远。失败者失败的原因千奇百怪,但是他们都有一个共同点,即从未找到属于自己的成功道路,更没有坚定不移地走好属于自己的成功道路。

在这个世界上,从没有两片完全相同的树叶,更没有两个完全相同的人。万事万物都是独特的存在,都有自身的价值和意义,既然如此,人,更应该成为独特的人,成为不可模仿和复制的生命个体。坚持做好自己,就是每个人最大的成功,如果以此为前提活出独属于自己的精彩人生,就是每个人最大的圆满。

芸芸众生看似一出生就面对着极大的不公平,不同的生命个体有着各自的父母和家庭背景,在成长的过程中走向不同的人生方向。我们虽然不能决定自己的出身,却可以发挥主观能动性，创造人生。谁说寒门难出贵子，事实证明，很多人出身贫寒却志向高远，反而在与逆境博弈的过程中取得了成功。他们并非如同大多数人所误以为的那样拥有过人的天赋，也没有得到天赐良机，只是坚持不懈地努力，从未放弃与命运博弈和抗争，所以才能最终改变命运，拥有了华丽的转身。

人们常说，人生如戏，戏如人生。然而，戏剧可以重演，改变不足的地方从而变得更加完美，改变冷漠的地方从而变得更加动人，改变柔软的地方从而变得充满力量，但是人生却只有一次机会，绝无重演的可能。人生是现场直播，一切过错都会变成无法改变的历史，一切成就都会变成往昔的荣耀，而每个人就踩在当下坚实的土地上，继续迈开大步向前走。对待人生，我们要保持良好的心态，既不因为一时的过错而沮丧，也不因为曾经的成就而骄傲。当我们坚定平和又淡然从容地面对人生的一切坎坷境遇，我们就能成就自我，变得真正与众不同。

对于自己，切勿感到不满意，而是要发现自己的闪光点，接受自己的缺点和不足。俗话说，金无足赤，人无完人，既然如此，我们又何必要苛求自己完美呢？只有接纳自己，悦纳自己，我们才能成为自己。

专心致志的你最可爱

不管做什么事情，专注力都是必不可少的，都能产生强大的力量。在学习中，保持专注力才能提升效率，增强学习效果；在工作中，专注力更是至关重要的生产力，让工作事半功倍。一个人如果三心二意，非但做事情拖延磨蹭，还会效率低下，错误层出不穷。要想做成一件事情，每个人都要选择最适合自己的方式，全力以赴地投入，然后坚持下去直到成功。否则，三天打鱼两天晒网，在做事情的过程中胡思乱想一些无关的事情，是不会得到成功青睐的。

在我们的身边，很多有所成就的人都很专注，一心一意往往使他们爆发出巨大的潜力，创造出连自己都感到难以置信的奇迹。一心一意说起来很容易，真正想到做到却是很难的。不管是作为普通的职员，还是作为领导者，要想形成影响力，都必须具备一心一意这一稀缺特性。对于同样的事情，那些三心二意的人往往表现得差强人意，而那些一心一意的人则常常能够获得期望中的成功，得到他人的认可和赞许。对于那些具有一定挑战性的艰巨任务，要想顺利圆满地完成，就更是需要专注力。古往今来，从很多领袖人物或者是伟大科学家的身上，我们都可以看到专注力的特质。例如，居里夫人在漫长的时间里始终坚持从沥青中提取放射性物质，一生之中两次获得诺贝尔奖，这样的成就无人能及；司马迁在遭遇残酷的宫刑之后，即使身陷牢狱，依然全力以赴地完成《史记》的创作；爱迪生被称为发明大王，为全人类做出了伟大的贡献，只是为了发明电灯，他就进行了一千多次实验，在尝试了七千多种不同的物质材料后才找到在当时最适合用作灯丝的材料……在中国古代，更有囊萤映雪、悬梁刺股等故事，都告诉我们专注力的巨大力量。

那么，如何才能保持一心一意，如何才能获得专注力呢？每个人都有巨大的潜能，只要充分挖掘自身的潜能，我们就能做到一心一意。在很多情况下，我们因为外部世界的变迁而受到诸多刺激，仓促地做出应激反应，所以反而忘记了自己原本就具备专注力。为此，很多人不得不通过创造特定的外部环境来帮助自己保持专注，例如清理自己周围的环境，避免很多事物对自己产生干扰，暂时地剔除私心杂念等。然而，这些方法虽然立竿见影，但是并不能从根本上帮助我们保持专注。在突发意外事故的紧急情况下，有些人也会迫于情势而保持一心一意的状态，进入专注的理想状态。这是因为极端危急的情况使我们置身于特殊的生活情境中，一旦外部的情况发生改变，我们的专注力也就会随之减弱，甚至完全消失。

很多人都已经意识到专注力的重要性，也认可保持专注是一种无比强大的技能和力量。那么，在寻常的生活中，如何保持专注就成为很多人急需解决的难题。不可否认的是，每个人都有着丰富的内心世界，在面临抉择的时候，会出于各种因素而想要做出符合自身需求或者满足自身利益的选择。这一点是无可厚非的。但是偏偏有人对于自己的选择迟疑不定，对于自己的未来缺乏信心，这就导致他们陷入了紧张焦虑的状态，很难摆脱负面情绪的影响。尤其是在世界发展日新月异的今天，每个人面临的诱惑越来越多，要想保持专注就不得不克服更多的障碍。对生活在喧嚣之中的现代人而言，有的时候不得不放下手中的一切，去偏远的山区里寻找内心的宁静，才能找回久违的专注。还有些人选择去西藏，去布达拉宫朝拜，仿佛唯有如此他们才能真正平静下来。

那么，如果没有可能远离现代社会，没有可能放下手中的一切工作，我们就可以采取其他便捷有效的方式，例如冥想、身心合一地练习瑜伽、全身心投入地做自己喜欢的事情等。在刚开始进行专注练习时，无须对自己提出过高的要求，而是要坚持循序渐进的原则。例如，起初设定自己在15分钟内保持专注，随着练习的情况越来越好，再逐渐地延长专注时间。相信只要坚持不懈，就能有良好的效果。

在进行专注练习的过程中，为了起到更好的效果，还可以设定主题。每一段专注的时间内，我们都可以选择思考一个主题，从而凝聚心神，进行深入的思考。对于那些容易干扰自己，使自己分心的事物，最好把它们放到其他地方，当然，也可以让这些东西留在原处，而为自己寻得一处清净的专注之地。

在进行专注练习的过程中，最大的干扰和障碍并非客观外物，而是我们的内心。就像孩子在上课的过程中常常会不知不觉地走神或者开小差一样，我们在专注练习过程中也会难以避免地产生与专注主题无关的想法，这个时候要敏锐地觉察到新想法的出现，然后尽快地剔除新想法。这虽然很难，但是只要你愿意，就一定能够做到，而且能够做好。相信在具备专注力之后，你会遇见一个全新的自己，也会发现很多曾经不为自己所知的潜能和力量。

既是中庸之道,也是平衡之道

对很多人而言,在很难做出明确选择的情况下,选择一条中庸之道是很容易的事情。所谓中庸之道,本质上也是平衡之道,即舍弃那些极端的选项,在极端选项之间为自己量身定制一条明智的线路,这很有必要。毕竟生活在绝大多数情况下并不是非黑即白的,更不是非对即错的。尤其是作为领导者,每一个决策都关系到所有团队成员的利益和未来,就更深感肩上的责任重大,因而必须慎重地做出决定。所谓领导力,绝不是不负责任地草率决定,也不是未经深入思考就展现魄力,而是在全面思考、慎重权衡之后做出的抉择。

所有组织结构在发展的过程中都必然会经历很多困难情况,甚至会面临前所未有的绝境。面对各种难题,最明智的举措就是寻找理性的中间路线,然而,很多领导者认为这是缺乏领导力的表现,因而往往不愿意这么做。不可否认的是,在紧要关头展现出决断和英勇的确能够震撼人心,然而一旦结果不如意,或者无法让所有人满意,那么这种形式上的领导力就会成为笑柄。

要想找到中庸和平衡之道，并且始终坚持这样去做，我们就要保持简单。通常情况下，正是恐惧的本能促使人们做出了极端行为，反之，极端行为又对我们和其他人产生了严重的破坏性。每个人都需要认清的真相是，恐惧是人的本能之一，恐惧本身是最值得恐惧的。在很多情况下，恐惧只是想象的产物，而并非真实的存在。然而，恐惧却以形而上的感受切实地影响了我们的行为，激发起我们的情绪和情感反应。任何人一旦长期处于恐惧的情绪状态中，就会紧张焦虑，身心俱疲，变得非常脆弱，不堪一击。他们不是被那些实实在在令人感到可怕的人和事打倒的，而是被恐惧打倒的。选择平衡之道，可以帮助我们稳定内心，战胜恐惧，保持良好的发展和成长态势。

在生活和工作中，每个人都面临着前所未有的复杂情况，面临着看似无法解决的困难处境。有些人因此而惊慌失措，认定自己无法摆脱这样的尴尬局面，但是有些人却始终笃定内心，坚定地做好自己该做的事情，以不变应万变，反而能够等来柳暗花明。他们并非被动地等待，而是会选择在必要的时候主动出击，占据优势地位，也占据有利先机。

尤其是在商场上，形势更是瞬息万变，人们总是迫不及

○ 影响力思维

待地进行变革，纠正那些错误的决定，而缺乏耐心去见证变革和改正错误的行为将会带来怎样的结果。有些领导者感到非常困惑，因为企业的规则朝令夕改，他们不知道自己到底该如何去做。因此，他们个人也随时处于变化之中，又因为各种原因而不得不表示屈从，这使得他们渐渐地背离了本心，前进的道路变得异常艰难，而且距离预定的目标越来越遥远。为了避免这种情况发生，可以选择中间道路。在有效沟通的前提下，选择中间道路更容易得到他人的支持和拥护。例如，在销售团队中，领导者希望制定更高的业绩目标，团队成员却对此产生抵触心理，认为领导者是在强人所难。在这种情况下，如果领导者坚持己见，就会引起团队成员不满，甚至是上下级之间的公然对抗。明智的领导者会主动让步，从而影响到团队成员也做出让步，自然就选择了中间道路。仅从表面来看，极端的强制措施也许效果立竿见影，但是团队成员一旦和领导者离心离德，后续的发展就会令人担忧。对任何组织机构而言，唯有所有人齐心协力，才能一起实现远大目标，实现团队和成员的共同繁荣。

人是主观动物，很多人都会从自身的角度出发看待和考虑问题，这使得他们在解决问题的过程中很容易陷入主观误区，做出错误的应对。在遇到极端情况时，我们的当务之急是感受到自身的情绪变化，及时地调整心态，从旁观者的角度观察和考量问题，这将会在第一时间帮助我们改善与极端情况的关系，变得更加理性周密。例如，在上班的路上遇到堵车，当坐在车内的你心急如焚也动弹不得时，忍不住会怨声载道。这时，不如看一看久违的蓝天，打开收音机随机听一首歌。在日常生活中，太多人都已经形成了条件反射，不管发生什么情况，头脑中跳出来的第一反应就是极端反应，我们要有意识地在不同的极端反应之间寻找另一条出路，只要坚持这么去做，就会渐渐地改变陋习。还有些人大脑转动的速度非常快，来不及理性思考，大脑就已经做出了极端应对，那么要学会按下暂停键，让自己减慢速度思考，从而戒掉冲动的坏习惯。

在面对极其糟糕的情况，无法当即做出反应时，不如任由事态发展，静观事态变化。很多情况下，唯有通过观察摇摆不定的事态，才能找到中间道路。当然，不管选择怎样的道路，我们都要充分发挥领导力，这样才能凝聚人心，获得支持。

管理好自己的时间

鲁迅先生是一个惜时如金的人，在读私塾期间就在自己的课桌上刻了"早"字提醒自己珍惜时间，后来弃医从文，以笔为枪振聋发聩，更是著作等身。这一切都是因为鲁迅先生养成了高效利用时间的好习惯，所以他才能成为时间的主人，最大限度地充分利用时间，让每一分每一秒的时间都起到强大的作用。一人要想成为命运的主宰，缔造属于自己的精彩人生，就要学会管理时间。在这个世界上，时间是唯一对所有人都绝对公平的存在，每个人虽然不知道自己的人生到底有多长，但是他们每年都有365天，每天都有24小时，每小时都有60分，每分都有60秒，这是不会改变的。时间不会因为一个人是贫穷或者是富有，就为他多作停留。时间的脚步滴滴答答地向前，不会快一分，也不会慢一秒。

现代社会中，很多人都抱怨时间不够用，他们积极地寻求方法提高工作的效率，却没有什么结果。这是因为他们还没有了解时间的本质。虽然科幻经典巨作《星际穿越》告诉我们

第07章 升级影响力，增强行动力

虫洞是有可能存在的，时间也是有可能堆叠的，但是以现代人类的认知，时间是线性流淌的，不会逆流，一旦逝去就不可追回。既然如此，我们当然要珍惜每分每秒的时间，因为我们正在时间的流逝中失去生命。从这个意义上来说，每一个新生命从呱呱坠地的那一刻开始，就踏上了向死而生的旅程。如此想来，我们还有什么理由不过好人生中的每一天，珍惜人生中每一段美好的时光呢！

尽管知道生命的终点是死亡，我们也依然要全身心投入生活之中。现代人为了更好地生存，每天都要辛苦地工作，积极地解决各种难题。在组织机构中，不管是作为普通职员，还是作为领导者，都必然承受着压力，这使我们无法发挥自身的所有力量，也无法和其他团队成员一起达成远大目标。有些人承受力比较差，还会因为压力过大而自暴自弃，自我沉沦。也有些人因为不善于管理时间，不能做到充分利用时间，所以总是手忙脚乱，看起来非常忙碌，其实没有什么成效。当看到他人气定神闲就做好了该做的事情，而且有很多空余时间充分地享受生活时，他们未免百感交集，羡慕嫉妒，百思不得其解：为什么他人能够这么从容地做好所有事情呢？

要想做到这一点，我们就必须学会时间管理。首先，要认识到时间如同海绵里的水，挤一挤总还是有的，从而形

○ 影响力思维

成珍惜时间的意识。其次,要学会合理安排时间,充分利用时间。再次,要学会提升效率,这样才能让时间的效用最大化。最后,要学会统筹安排,让时间分身有术。

接下来,我们重点阐述时间的分身术,也就是统筹安排时间。对那些不善于时间管理也不懂得充分利用时间的人而言,一小时就是一小时,只能做好一件事情。而对那些善于时间管理也能够充分利用时间的人而言,一小时不但有可能变成两小时,还有可能变成三小时,甚至更多。除了统筹安排外,还可以借助于很多现代化的辅助手段完成一些事情,这样我们就能抽身做更多事情。

每天清晨,妈妈会比爸爸和女儿早二十分钟起床。等到爸爸和女儿起床时,餐桌上已经摆放着香喷喷的、品种多样的早餐。爸爸总是感到纳闷,询问妈妈:"这些都是你刚刚做的吗?"妈妈点点头,说:"当然,咱家附近也没有卖早餐的,而且出去买早餐还要花费时间,不如自己做了。"爸爸表示难以置信,说道:"你简直是在变魔术,在这么短的时间内居然做了这么多好吃的。"妈妈笑起来,说:"刚开始我也需要更长时间,不过越做越熟练,学会统筹安排,就能节省很多时间了。例如,起床之后先烧水,启动蒸锅蒸各种面点和鸡蛋。

粥,是前一天晚上就定时做好的,把粥盛出来晾着,等你们起床正好是温热的。然后,我会去洗漱,收拾客厅,大概十五分钟。这个时候,各种面点和鸡蛋也好了,再给你冲一杯咖啡,给女儿冲一杯奶,洗点儿水果,就可以开始吃早餐啦。"

爸爸又问:"那么,下班回家时,为何家里干干净净的呢?"妈妈忍不住笑起来,说:"你们吃完饭洗漱时,我会叠被子,收拾床铺。等到咱们一家三口出门,我就用手机遥控打开扫拖一体机,回来的时候,机器人早就把地面处理干净了。当然,我还会在车上简单化妆,避免素面朝天地上班。如果不是这么安排,咱们都要上班,家里还不得乱成猪窝吗?"爸爸由衷地对妈妈竖起大拇指,说:"你可真是超人妈妈、超人老婆,有你真好。"

对很多家庭来说,早晨都是紧张忙碌的。的确,早晨既要为全家准备早餐,又要收拾家务,还要督促孩子整理书包,等等。即使争分夺秒,也会感到时间紧张。幸好,如今有很多智能化的家居用品,例如可以定时的电饭煲、蒸锅,集成化的扫拖一体机等,都能帮助我们解放双手,节约时间。只要充分利用这些智能家居,学会统筹安排任务,那么就会分身有术。即使在有效的时间里,也能争取做更多的事情。

○ 影响力思维

　　学会管理时间，不但是生存的技能，也是一种智慧，更是生活的艺术。人生说长很长，说短很短。如果想要充实地度过人生，做很多想做的事情，就要抓住每分每秒的时间。俗话说，好钢用在刀刃上，要想把有限的时间用在重要的事情上，最关键的在于对事情进行排序。按照轻重缓解，我们要优先做紧急且重要的事情，其次做紧急但不重要的事情，再次做重要但不紧急的事情，最后做不重要也不紧急的事情。以这个原则为前提，我们就能保证自己始终在做最重要且最紧急的事情，也就实现了充分利用时间的目的。当然，每个人的情况不同，对于管理时间的目标也是不同的，所以管理时间还要结合现实和个人的情况进行合理安排。

第07章 升级影响力，增强行动力

充分利用碎片化时间

在做很多事情时，人们都会考虑和核算各种各样的成本，然而大多数人会列举诸如金钱、人员、宣传等成本，却忽略了做一切事情都不可缺少的时间成本。时间是生命的载体，如果没有时间，我们就不可能做任何事情。认识到这一点，我们才会更加深刻地认识到时间的重要性，更加积极主动地规划和充分利用时间。提到时间管理，提到利用时间，就不得不提起碎片化时间。

对所有人而言，每一天都有很多碎片化时间，如果把一生之中所有的碎片化时间积累起来，将会是惊人的一大段人生。从这个角度来看，我们应该意识到碎片化时间的存在，也要主动地整合和充分利用碎片化时间，否则就是无端地浪费生命，更不可能在生命历程中获得自己想要的结果。

碎片化时间是大段时间的间隙，也是做很多事情中间隔的空闲时间。在地铁站中，站台和地铁车厢之间有时有着很大的间隙，所以墙壁上醒目的位置有一句标语，即留意间隙。那

○ 影响力思维

么，除了要留意地铁车厢和站台之间的间隙外，我们还要留意哪些间隙呢？现代人的生活忙忙碌碌，做事情争分夺秒，甚至没有时间停留下来认真地思考自己如此忙碌是为了什么，更不知道自己究竟想要怎样的人生。大多数人就这样被时代的洪流裹挟着往前奔跑，在时间之河中起起伏伏。在混乱的状态下，我们往往忽略了自己创造性的潜意识，疲于应付日常的生活，使创造性彻底被琐碎的事物湮灭。

对所有人而言，时间和精力都是有限的。面对繁杂的日常事务和沉重的工作任务，越是忙乱，越是容易分散时间和精力，就不可能集中精神专注地思考，积极地改变。在繁华的大都市中，每天清晨和傍晚，在地铁站里熙熙攘攘的人群中，是一个个疲惫的身体和失神的灵魂。大多数人用尽全身的力气回到家里，就只想躺在床上昏昏沉沉地睡去。他们想做一些属于自己的事情，却总是没有时间。然而，在漫长的白日里，在工作的间隙中，他们又会情不自禁地数次拿起手机，看小视频，刷抖音，看朋友圈，没有意识到时间的无情流逝。如果能把这些碎片化时间利用起来，那么就可以化零为整，让自己有更多可以自由支配的时间。例如，与其白天里对待工作三心二意，导致下班之后还要加班，不如专心致志地投入工作，全力以赴地提高效率，这样就能按时下班，有大段的时间可供自己支配。仅从表面看去，每一段碎片化时间都是很短暂的，但是聚沙成塔，坚持利用碎片化时间做想做的事情，时间的积累会使我们意外地收获复利效应。例如，每天利用上下班的时间背诵五个英语单词，或者阅读纸质书籍，日久天长，英语水平就会突飞猛进，阅读也会使我们眼界更为开阔，思想更为深邃。

从这个角度来看，这些碎片化时间其实是时间给予我们的礼物。在做不同的事情之间，在大段的工作时间之间，我们要留意这些时间的间隙，珍视这些时间的礼物。当我们改变对于碎片化时间的态度，认为哪怕是很短暂的碎片化时间都是值得珍惜和充分利用的，我们就相当于掌控了生命。

那么，人生中究竟有哪些碎片化时间呢？说起碎片化时间，很多人第一反应就是上下班路上，其实，除此之外还有很多形式的碎片化时间。例如，早晨排队买咖啡的时间、公交车换乘地铁的时间、闭上眼睛深呼吸的时间、等待午餐从滚烫变得温热的时间、吃完饭小憩的时间、和同事闲聊的时间等，都属于碎片化时间。只有意识到这些时间的存在，我们才不会以无聊的闲谈打发这些时间，不再用宝贵的碎片化时间浏览手机上良莠不齐的各种无关信息和视频。

面对碎片化时间，大多数人都是非常烦躁的。例如，

● 影响力思维

对于每天早晨例行的堵车时间，有些人坐在驾驶座上怒气冲天，抱怨连天，最终让自己原本美好的心情变得非常糟糕。有些人的反应则恰恰相反，他们会打开有声书，或者听一首歌，或者是与坐在车里的家人交谈。在内心深处，每个人都有一个自我，自我对待碎片化时间的态度，决定了一个人将会拥有怎样的一天，甚至是一生。

参考文献

[1] 西奥迪尼. 影响力：全新升级版[M]. 闾佳，译. 北京：北京联合出版公司，2021.

[2] 泰勒. 影响力思维[M]. 信任，译. 北京：中国友谊出版社，2019.

[3] 大内优. 你的影响力可以设计：个人品牌的构建、经营和变现[M]. 谷文诗，译. 北京：九州出版社，2021.

[4] 郑一群. 性格影响力[M]. 北京：北京工业大学出版社，2022.